〈シリーズ監修〉二村 健

ベーシック司書講座・図書館の基礎と展望 8

図書館情報資源概論

藤田 岳久〈編著〉

学文社

〈ベーシック司書講座・図書館の基礎と展望〉　緒　言

　本シリーズは，新しい司書課程に照準を合わせて編纂した。周知のように，平成20年6月11日，図書館法が改正，ただちに施行された。そのなかで，第5条だけが平成22年4月1日の施行となった。当然，22年から新しい司書課程を出発させなければならないと考え，諸準備に没頭した。しかし，実際に蓋を開けてみると，さらに2年先送りされ，全国的な実施は平成24年からとされたのである。私の所属する大学では，すでにさまざまな準備に着手していたので，旧法の下で，新しいカリキュラムを実施することを選んだ。つまり，全国より2年先駆けて司書課程を改訂したのである。

　もちろん，そのためのテキストはどこにもなく，最初の授業は板書とプリントでおこなった。このシリーズの各巻には，実際に授業をおこなった試行錯誤が反映されている。授業の羅針盤は，図書館界に入った多くの卒業生の存在である。この実績が私たちの支えである。

　この間，これからの図書館の在り方検討協力者会議では，議論の末，司書課程の位置づけが変わった。これまでの司書課程は，現職の図書館員に資格を与えることを目的に，司書講習で講述される内容と相当な科目を開設している大学で，司書資格を与えることができるとされていた。新しい司書課程の位置づけは，図書館員としての長い職業人生（キャリア・パス）の入り口を形成するというものである。大学生は社会人未満である。社会人である現職図書館員との違いをどこにおくか，これが新しい司書課程の核心である。

　その違いをシリーズ名に表したつもりである。これからの司書課程では，キャリア・パスの入り口を形成するための基礎・基本の講述が重要である。何よりも図書館の意義を理解し，図書館を好きになってもらわなければならない。その後に，図書館員としての長い職業人生が待っている。そして，それに向けての展望がなければならない。以下に本シリーズの特徴を記す。

● **内容の厳選**：これまでの司書課程の教科書は，現職者向けという性格上仕方がなかったが，とにかく内容が高度であり，詰め込みすぎた観がある。それを，3月まで高校生であった新入生にもわかりやすい内容にまとめることをめざした。そのため，できるかぎり，内容を厳選する必要があった。どれも大事に思えたなかで，何を削ぎ落とすかで非常に悩んだ。新しい研究成果を取り込むのは当然としても，これに振り回されて総花的になることは避けたかった。普遍性のあるものは，古いものでも残すことにし，温故知新を大事に考えた。

● **1回の授業＝1章**：最近の大学では授業を15回きちんとおこなうことが徹底されている。そこで，本シリーズも15章立てにし，1回の授業で取り上げる内容を1章に記すことにした。実際の授業は，受講者の反応をみては重要なポイントを繰り返して説明したり，ときには冗談を言ったりしながら進む。90分間で講述できることは思った以上に少ない。参考になったのが，放送大学のビデオ教材を制作したことである。本シリーズでは，放送大学の教科書よりは，

さらに文字数を少なめに設定した。その分，担当教員の工夫次第で，確認小テストをしたり，ビデオや写真などを利用して授業が進められるよう，余裕をもたせた。

● **将来を見据えた展望**：多くの大学では，15回目の授業を試験に当てることがおこなわれている。そこで，各巻の最後の章は，その分野の展望を記すことにした。展望とは，今後どうなっていくかの見通しである。あるいは，未来予測に属することが含まれ，予測ははずれることもあるかもしれないが，できるだけ新しい話題を盛り込んだつもりである。シリーズ名の意図をはっきりさせるためでもある。

● **わかりやすい図表**：直感的にわかるように，図表を豊富にいれることを各執筆者にお願いした。図表も大きく見やすく掲載できるように，判型も通常の教科書に多いA5判ではなくB5判を採用した。

● **豊富な資料**：実際の授業では，教科書のほかに，教員がプリントを配布したり，パワーポイントのスライドで補足したりと，さまざまである。教科書といいながら，『図書館法』の全文すら資料として掲載していないものがあるのは，どこか違うと思っていた。そこで，できるだけ，教員がプリントを作らなくてもすむように，資料集を充実させることに努めた。

● **参考文献**：これからの司書課程は，図書館員としてのキャリア・パスの入り口を形成するものである。平成20年の図書館法改正で明記されたが，図書館員になっても，研修会に参加するなど，各自の務めとして研鑽を積む必要がある。内容を精選した分を，参考文献を読んでいただくことによって，補えるように配慮した。参考文献は入手可能という点を第一に考えた。

● **自宅学習のための設問**：90分の授業に30分の自宅学習，併せて2時間が1コマの学習である。そのため，各章ごとに設問を2問程度用意した。このことにより，通信教育の学生にも利用していただけると思う。

　本シリーズは，文部科学省令に規定された全ての科目を網羅するものではない。不足の部分は，他の専門家の学識に委ねたい。不完全ながらも，本シリーズが日の目を見ることができ，シリーズ各巻の執筆者に深甚なる謝意を表する。このシリーズがわが国の司書養成に役立つことを願うのみである。

平成23年6月6日

二村　健

第8巻　『図書館情報資源概論』　巻頭言

　本書は，図書をはじめとする「情報資源」の類型や特質，図書館での扱い方，とりまく環境などについて，また，近年著しく発展している電子化情報資源について学ぶための書である。

　図書館の役割は，世の中の情報のなかから自館に必要なものを選定して収集し，それを永く保存しつつ利用者に的確に提供することである。そのために図書館員は，図書館が所蔵する情報資源についてよく知る必要がある。具体的には，所蔵する資料の種類，それぞれの種類の資料を取り扱う際の方法や注意点，新しく受け入れた資料の処理方法や破損時の修復の方法などである。また，スペースや予算に限りのある図書館にどのような資料をそろえればよいのか，利用者はどのような情報を求めているのかを考える必要がある。そのためには，そもそも人間の知的活動の所産はどのような分野に分けることができ，それぞれの分野にどのような情報資源があるのか，といったことを知ることも重要である。並行して，近年急速に普及しているネットワーク情報資源や電子書籍などについて図書館員が知ることは必須といえる。

　さらには，関連知識として，情報資源の発展の歴史やその制作方法を知り，トレンドの把握の方法を知れば，利用者へのよりよい情報提供にいかせるかもしれない。また，情報資源の未来像に思いを馳せることができれば，あるいは将来の図書館の運営に役立つかもしれない。

　文部科学省の示す「図書館情報資源概論」の科目内容案を超えた内容構成としつつも，平易に講ずることに留意した本書を，図書館員をめざす方々にぜひ利用して学んでいただければと思う。

　このような執筆の機会を与えてくださったシリーズ監修の二村健先生，遅々として進まない編者の作業に我慢強くおつきあいいただいた執筆者各位，ならびに，数々の有益なアドバイスをくださるとともに編集作業にご尽力いただいた学文社の二村和樹さんに深く感謝申し上げる次第である。

平成 28 年 9 月

藤田岳久

目　　次

シリーズ緒言　1
第8巻『図書館情報資源概論』巻頭言　3

第1章　知識の性質と情報の性質 ……………………………………………6
1.知識と図書館（6）　2.情報・知識・学習・図書館（7）　3.生きる力と図書館（9）

第2章　図書館情報資源の経緯 …………………………………………………12
1.図書館情報資源という言葉（12）　2.書物の誕生（12）　3.視聴覚資料（14）
4.コンピュータ技術の発展とネットワーク情報資源の登場（16）

第3章　印刷資料・非印刷資料の類型と特質 ………………………………18
1.資料の類型（18）　2.図　書（18）　3.逐次刊行物（継続資料）（19）　4.小冊子（21）
5.視聴覚資料（22）　6.マイクロ資料（22）　7.視覚聴覚において特別な支援を必要とす
る人々のための資料（23）　8.そのほかの印刷資料・非印刷資料（24）

第4章　電子資料，ネットワーク情報資源の類型と特質 …………………26
1.電子資料，ネットワーク情報資源の定義と特徴（26）　2.ネットワーク情報資源の特質
と類型（28）　3.パッケージ型電子資料の種類と特質（30）

第5章　地域資料，行政資料，灰色文献 ……………………………………32
1.地域資料の意義（32）　2.地域資料，行政資料，灰色文献の定義（32）　3.地域資料の
収集（33）　4.地域資料の情報発信（35）　5.地域の課題解決と地域資料（36）
6.市民協働（36）

第6章　情報資源の生産（出版）と流通 ……………………………………38
1.出版と流通の過程を学ぶことの意義とそのおおまかな流れ（38）　2.出版の企画・立案
（38）　3.図書の制作にかかわる者（39）　4.図書の制作および製作の過程（40）　5.出版
と流通（42）　6.出版のあとにおこなうこと（42）

第7章　図書館業務と情報資源に関する知識 ………………………………44
1.図書館員として著者を知っておく意義（44）　2.著者について知るための情報源：各種
文学賞（45）　3.著者について知るための情報源：メディアからの情報（48）

第8章　コレクション形成の理論 ……………………………………………50
1.コレクション形成における資源（50）　2.コレクション形成理論の史的展開（50）
3.デジタル情報資源とコレクション形成（54）

第9章　コレクション形成の方法 ……………………………………………58
1.蔵書構築と蔵書構成（58）　2.選択（selection）（58）　3.収集（acquisition）（60）
4.形　成（61）　5.維　持（61）　6.発　展（62）

第10章　人文・社会科学分野の情報資源とその特性 ………………………64
1.分野による研究の特性（64）　2.人文・社会科学分野（文科系学問領域）と科学技術分野
（理科系学問領域）は2つの世界を構成するか（66）　3.人文・社会科学に属する学問的諸領
域（67）　4.人文・社会科学研究者の「視野」と「視座」（67）　5.人文・社会科学分野の
情報資源（68）　6.人文・社会科学分野の資源へのアクセス（69）　7.大阪府立図書館の
図書館ポータルを例にとって（70）　8.紀要論文と機関リポジトリ（70）

第11章　科学技術分野，生活分野の情報資源とその特性 ………72

1.科学技術分野，生活分野の意味　(72)　2.科学技術基本法にうかがえる科学技術に対する"国家意思"　(73)　3.科学技術情報のライフサイクル　(73)　4.科学コミュニケーション　(74)　5.科学の巨大化と巨大科学の役割　(75)　6.科学技術分野，生活分野の学術文献情報の特色　(75)　7.研究者の生態と研究者の生産能力，成果と発表の場の評価　(76)

第12章　資料の受入・除籍・保存・管理の実際 ………78

1.資料の受入　(78)　2.除　籍　(79)　3.保　存　(80)　4.資料管理　(81)

第13章　情報生産の新たな仕組みと図書館情報資源 ………86

1.「クラウド」という言葉　(86)　2.クラウドソーシング　(86)　3.クラウドコンピューティング　(87)　4.オープンソース／オープンフォーマット／オープンアクセス　(88)
5.情報生産の加速化　(89)

第14章　電子書籍，電子ジャーナル―図書館情報資源としての意義と課題― ……92

1.電子書籍の現状と意義　(92)　2.図書館での電子書籍の扱い　(93)　3.電子書籍の課題　(94)　4.電子ジャーナルの現状と意義　(95)　5.電子ジャーナルをめぐる動きと課題　(96)

第15章　展　望 ………98

1.図書館情報資源と図書館情報学　(98)　2.データ構造化の新しい動き　(100)　3.集合知の未来　(102)

巻末資料 ………102

1.米国における代表的な図書選択理論　　2.収集方針と選択基準　(110)
　(107)

3.平成28年度科学研究費助成事業　系・　　4.科学技術基本法　(115)
　分野・分科・細目表（抄）　(114)

5.図書の各部の名称　(117)

索　引 ………118

知識の性質と情報の性質

　本書のタイトルにある「図書館情報資源」という言葉は，図書館が取り扱う資料や情報を一括りする言葉として新しく提案されたものである（第2章参照）。しかしながら，図書館は情報だけで説明ができるものではない。図書館は，古（いにしえ）より，もっぱら知識を扱ってきたのである。図書館情報資源は，人間の知情意の所産であり，知識[1]の出力物である。

第1節　知識と図書館

　最近，書店[2]で『図説図書館史』[3]という本を購入した。帯に「知の収集と共有の軌跡」とあったのが目にとまった。第11章のタイトルが「知識の整理」[4]であった。ふと，この「知識」と帯にある「知」とはイコールなのだろうかと思い，辞書を引いた。「知」とは「知行（ちこう）」の「知」で「行」の対語である。「知行」とは「知識と行為。知ることと行うこと」（『国語大辞典』小学館）とあり，この語義をみるかぎり，「知」と「知識」は同じものである[5]。

　同書の端書（はしがき）に，テキサス大学の図書館史学名誉教授が一文を寄せている。その冒頭に，「図書館，あるいは，"記録された知識の集積"は，人類の記憶の集積でもある」と書かれている。図書館とは知識の集積であるという見識が示されている。

　今や古典ともいうべき知識を扱った書 "The nature of knowledge: an introduction for librarians"[6]は，これから図書館員になろうとする学生のために，知識の本質と図書館との関係を説く目的で書かれた。知識が人々の頭のなかに存在するだけでなく，図書館の書架上に見られる図書や他の印刷物，フィルム，地図，磁気テープ，さらに，今後も増え続ける新しい形態のメディアのなかにも存在しているという文脈で議論するとし，次のようにいう[7]。

　「この知識の記録の重要性に関しては過大評価などあろうはずはない。知識の記録がなかったなら，私たちが知っているような世界は存在しなかったであろうし，存在し得なかったであろう。世界の図書館の書架上に集積されている知識は，人類の最大級の実績であり，大いなる財産である。（中略）知識と情報は，しばしば，互換性をもって扱われるが，こういうときの知識は情報と同義である。（中略）しかしながら，情報と知識を区別して用いるときは，知識の方がより図書館と縁が深い。これをいいかえるなら，図書館は，情報源というよりも'知識源'だということである。」

第2節　情報・知識・学習・図書館

知識と情報について，別な論客を引用しよう。米国の著名な教育思想家にモーティマー・アドラー（Mortimer Adler, 1902-2001）という人がいる。彼は，人間が生きていくうえで重要なものとして，健康（health strength），生命力（vitality），活力（vigor）をあげ，これを肉体の財とした。肉体の財ばかりが重要ではない。同じく精神の財も生きていくうえで不可欠とし，それを情報（information），知識（knowledge），理解（understanding），知恵（wisdom）とした。

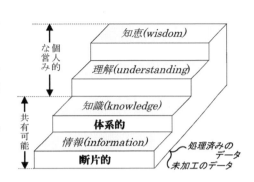

図 1-1　学習の階段（ladder of learning）

アドラーのこの考えに触発された世界的に著名な図書館学者マイケル・ゴーマン（Michael Goman, 1941- ）[8]らは，学習の階段を提起した（図1-1）。

a. 学習の階段

人は五官の刺激を受けて「情報」を取り込み，「知識」として積み上げ，この段階で対象がようやく「理解」される。「理解」しただけでは十分とはいえず，それが血となり肉となって自分のなかに蓄積され「知恵」となり，「知恵」となって初めてこの社会で生き抜く力となる。「知恵」とは，いいかえれば，「知識」の運用能力のことであり，さらにいえば，「生きる力」である。この学習の階段は，学習が深まるとはどういうことか，何を目標とするのかを端的に示したモデルということができる。このモデルが教育関係者・図書館関係者に示唆するものは大変大きい。

b. 情報の性質

1段目の「情報」は2つに分けられる。1つは未加工のデータ（data）で，具体的には数値（number），文字（text），画像（image），事実（fact）などである。もう1つは，狭義の「情報」で，人間が意味づけし加工したデータをいう。これが一般に「情報」といわれるものである。

「情報」であれ「データ」であれ，これらがもつ共通の性質は，きわめて「断片的」だということである。これは，次の段階の「知識」が「体系的」であることと好対照をなす。情報は断片的であればこそコンピュータに載りやすい。「情報社会」というとき，私たちは，言外にコンピュータを想定し，無意識にこの断片的な情報を珍重している。しかし，断片的である情報は，有用な使い道はおおいにあるが，知識全体ではないから学習を完結することはできない。コンピュータで検索できる情報だけでは学習は完結しないということである。教育関係者や図書館関係者はこれらのことをしっかりと意識しておく必要がある。とくに，サーチエンジンで得られる情報は断片的であることを忘れてはならない。

c. 知識の性質

一方の「知識」は，体系的であるがゆえに蓄積性があり（accumulative），発展性をもつ

8

(progressive)。具体的には，たとえば，学術書1冊に相当するのが知識である。情報は，文字や図表や画像などとして学術書の一部を構成する。ゴーマンは，図書館はいまだかつて情報だけを扱ったことはない，図書館は知識を扱ってきたと強調する[9]。

　体系的な知識は部分に分割できる。ジグソーパズルのピースを結びつけて大きな絵をつくるように，この部分的な知識は他の部分的な知識と結びついて，別な大きな知識を構成することができる。部分的な知識だけを取り出すと，それは断片のように見えるが，大きな体系の一部（パーツ）であるという点で「情報」ではなく「知識」である。たとえば，「駅前のファミレスが閉店した」は，断片的な情報である。それに対して，「すかいらーくの1号店が閉店した」は，同じような言及であるにもかかわらず，これは部分的な知識である。というのは，後者は，外食産業の繁栄と衰退という体系的な知識のなかの重要なトピックを構成するからである。知識の網の目のどこに位置づけられるか，いいかえれば，ジグソーパズルのピースのように収まるべき位置があらかじめ想定できるものを，ここでは「部分的な知識」といっている。断片的な情報と部分的な知識のちがいを認識したい。

　「知識」はまた，つねに更新されるものである。一度覚えた「知識」が未来永劫正しいとは限らない。地動説が天動説になるなど，学問の発展によって書き換えられてきた知識の例は数多くある。このとき重要なのは，必要としたときに，いつでも最新の「知識」を取り出せるということである。

d. 図書館情報資源と知識

　私たち人類は，この知識を体系的に記録するメディアとして"本"を発明した。対話型コンピュータの開発に功績のあったリックライダー（J.C.R.Licklider, 1915-1990）は，「本ほど美しく人間向きに設計されたメディアは存在しない[10]」と述べた。"本"は，知識を，順を追って体系的に収める媒体としてもっとも都合がよく，それゆえ美しく，また，人々が知識を得るための最適なメディアとして数千年も利用されてきたのである。

　その記録の仕方は，表表紙から裏表紙にいたる直線的な方法である。知識の構造を目次によって示すこともできる。フィルムや磁気テープなど，多様な図書館情報資源も知識を記録するものとして発明された。近年，体系的な知識を一旦ばらばらにし，多くもなく少なくもない記述量にまとめ，関連のある言葉と結びつけて引き出すハイパーテキスト（hypertext）も生み出された[11]。

e. 図書館という施設

　「情報」と「知識」は，多くの人々の間で共有が可能である（図1-1）。図書館は，このための施設といいかえることもできる。図書館が人々の「理解」や「知恵」の獲得を手助けをすることはもちろんである。しかし，学習の階段における「理解」から上は，多分に学習者個人の営みであり，公共図書館や大学図書館など，一般の図書館は，人々のこの営為を応援する立場にいる[12]。図書館は，「情報」と「知識」を人々が共有するための，そして，人それぞれの「理解」と「知恵」の獲得を支援するための社会装置なのである。

第3節　生きる力と図書館

a．生きる力

公共図書館は社会教育機関の1つであるが，学校教育との関係が図書館法（昭和25年法律第118号）第3条にふれられている。地域の図書館は，「学校が何を求め」「何をめざそうとしているか」ということに関心をもたなければならない。学校の目標，ひいては学校教育の目標は，わが国では学習指導要領に端的に示される。現行の学習指導要領では，「生きる力」が大きなテーマである（図1-2）[13]。

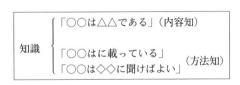

図1-2　生きる力
出典：文部科学省作成保護者用リーフレット

しかし，「生きる力」は子どもたちのためだけのものかといえば，決してそうではない。大人でも，「生きる力」が十分に備わっているかどうかで，自分の人生を謳歌できるかそうでないかといった点で差異が生ずるといえるだろう。

「学習の階段」でみたように，「知恵」まで到達した人々は，「知識」の運用能力を身につけている。直面する問題や課題に，自ら情報を収集し，知識を活用し，解決策を編み出す。自分で判断し，選択し，決定し，自らの行動に責任をもつようになる。これこそが「生きる力」であり，成熟した市民の証である。図書館は，学習の階段を通じて，市民の成熟を促す。成熟した図書館ユーザーは成熟した市民であり，逆もまた，真である。図書館は，人々の「生きる力」の練成に深くかかわる施設である。それは，人々に，単に「情報」や「知識」を提供するだけにとどまらない。人々が「知識」を「理解」し，それを運用する「知恵」を獲得するまでのプロセスを支援するからである。

b．知識の種類

知識の区分けの仕方はさまざまあるが，ここでは，「生きる力」に関連の深い内容知と方法知（図1-3）について解説しよう[14]。

図1-3　内容知と方法知

内容知とは，「○○は△△である」というように記述できる知識である。「台形の面積を求める公式は（上底＋下底）×高さ÷2である」「初代内閣総理大臣は伊藤博文である」などが内容知である。それに対し，必要なときに必要な知識を取り出す方法を知っているという知識がある。これを「方法知」[15]という。

c．図書館の教育機能

児童生徒が図書館にやってきて，課題の解決をはかろうとしている。ついにカウンターで「タ

イのバンコクの 6 月の平均気温は何度ですか」と質問を発する。これに対する答え方には 2 通り
ある。1 つは「29.5 度だよ」と答えることである。もう 1 つは「理科年表を見てごらん」と答え
ることである。レファレンスライブラリアンとしてはどちらがふさわしい答え方であろうか。
『情報サービス論』を学んだ人なら，レファレンスサービスは知識を切り売りするのではなく，
資料にもとづいて回答するのが鉄則だから，後者であると答えるはずである。普通の人でも，学
校の宿題かもしれないから直接答えを教えるのはまずい，と考えるであろう。相手が児童生徒な
ら，後者の答え方が最適であるのはいうまでもないが，その理由は，実は，上の 2 つよりももっ
と奥深いところにある。

　前者が内容知による答であり，後者は方法知による答である。前者の場合，子どもたちは，
「ふーん，そうか」で終わってしまう。しかし，後者の答えに接した児童生徒らは，「ロンドンの
12 月の平均降雨量は何 mm か？」といった同種の問題に対して，『理科年表』を用いれば解決
できるかも」という類推ができるようになるかもしれない。さらに進んで，「理科には『理科年
表』という便利なツールがあるが，社会科にも何か同様なツールはないだろうか」といった発想
ができれば，もはや，自分で学習の方法を着想できるようなる。この時点で，自立した情報探索
者，ひいては自立した学習者に成長することが期待できる。いいかえれば，自ら問題を解決でき
る子，すなわち，「生きる力」を身につけた子に成長することが期待できるのである。

　図書館における教育機能の発揮の仕方がこれである。図書館が人々の「生きる力」の練成に大
きく貢献できる場面が理解できたと思う。

d.　生きる力と図書館員

　さて，バンコクの 6 月の平均気温をただ覚えているだけではほとんど意味をなさない。仮に，
1〜12 月までのすべての平均気温を覚えていたとしても，実生活ではなんの役にも立たない。世
界の主要都市の 1〜12 月までの平均気温や，降雨量，そのほかのさまざまな気象データを覚えて
いたとしたら，ある分野ではそれなりに重宝されるかもしれないが，一般には，「お天気通だね」
で終わってしまうだろう。

　つまり，部分的な内容知ばかりを自分のなかにたくさん蓄えても生きる力にはつながらないと
いうことである。かといって，もちろん，内容知に相当する知識が必要ないというのではない。
最低限の，あるいは，基本的な知識が頭に入っていることは大事である。ただ，知識をできるだ
け多く詰め込むだけでは，「生きる力」は育たないということである。

　ところで，『理科年表』を与えただけで，このような自己発展を実現できるとは限らない。児
童生徒のなかには，手にした『理科年表』の使い方がわからずもて余す者もいるであろう。そう
した場合，図書館員は，解答の載っている該当ページにいたる道筋を示しながら，ツールとして
の使い方を指導すべきである。この場面では直接情報を提供することになる。図書館員は，利用
者の状態によってケースバイケースの対応が必要なことがわかる。

設問

(1) 「知識」と「情報」のちがいを，わかりやすく900字程度で論じなさい。

(2) 本文中の例のように，「断片的な情報」と対比する「部分的な知識」の例をあげ，それが，なぜ，知識なのか説明しなさい。

参考文献

1. ピーター・バーグ著，城戸淳訳『知識の社会史　知と情報はいかにして商品化したか』新曜社，2004年
2. デビッド・ワインバーガー著，柏野零訳『インターネットはいかに知の秩序を変えるか？　デジタルの無秩序がもつ力』エナジクス，2008年

注）

1) ギリシャ時代から知識は哲学の課題であった。知識原論のようなものを学びたければ，戸田山和久『知識の哲学』（産業図書，2002年），R・M・チザム著，上枝美典訳『知識の理論』（世界思想社，2003年）などがわかりやすい。本章では，あくまで図書館情報学的立場から扱うものであることを断っておく。

2) 通常，書店では，図書館を扱った本は教育学の近くにあるものだが，この書店では哲学・心理学 の棚に並んでいた。分類法の歴史を学んだ読者は思い当たるだろうが，知識と図書館は，分類学（taxonomy）の上でも切っても切れない関係にある（そういう意味では，この書店はよく考えて陳列している）。

3) スチュアート・A・P・マレー著，日暮雅通訳『図説図書館の歴史』原書房，2011年，396p。

4) この章は，欧米アジアなどの各地の歴史的コレクションの形成と，目録法や分類法の発生と発展を跡づけた内容となっている。

5) 同じ辞典では「知」を「事物を認識し，是非・善悪を判断する能力。智」としており，認識や判断の「能力」を意味している。一方の「知識」は，「知っている内容。知られていることがら」などの語義があげられ，「知識」とはこの点で微妙に異なるといえる。

6) D. Alasdair Kemp, "*The nature of knowledge: an introduction for librarians,*" London, Clive Bingley & Hamden（Connecticut), Linnet Books, 1976.

7) ibd, pp.11-12.

8) 英国生まれ。英米目録規則第2版の編者として著名。元米国図書館協会会長（2005-2006年）。

9) Walt Crawford and Michael Gorman, "*Future libraries: dreams, madness, and reality,*" Chicago: American Library Association, 1995, p.6.

10) J・C・R・リックライダー「ヒトとコンピュータの共生」西垣通『思想としてのパソコン』（NTT出版，1997年，p.137）訳出所収。原文は，"Books are among the most beautifully engineered"。

11) ハイパーテキストは，知識が再編成されネットワーク化されたものといえる。しかし，ハイパーテキストと同様の構造をもつものを，人類は，遠い昔に発明している。百科事典がそれである。

12) しかしながら，教育にかかわる者は，理解・知恵の領域にまで積極的に踏み込まなければならない。すなわち，意図的に学習者を刺激し，理解の進み具合を見守り，知恵となって身についたかを確認し，そして，その自らの活動を点検し評価しなければならない。学校図書館は，一般の図書館の枠を越え，学習の階段全般に積極的なかかわりをもつ必要がある。

13) たとえば，「平成14年度から実施されてきた学習指導要領では，『生きる力』を育むことを理念としてきました。新しい学習指導要領では，子どもたちの『生きる力』をより一層育むことを目指します」としている。初等中等教育局教育課程課作成保護者用リーフレット『保護者のみなさまへ　すぐにわかる新しい学習指導要領のポイント』2011年，p.4。

14) 児島邦宏『教育の流れを変える総合的学習－どう考え，どう取り組むか』ぎょうせい，1998年，pp.15-16。

15) わが国の図書館学の大先輩は後者を「第2の知識」と呼んだ。藤川正信『第二の知識の本』（ポケットライブラリ52）新潮社，1963年，340p。表紙には「人類の持っている全知識からあなたの必要な知識を引き出す本」という言葉が掲げられている。

2 図書館情報資源の経緯

　2012（平成24）年度から新しくなった司書課程の科目には，図書館と情報を扱う科目が多い。必修11科目中6科目で半数を超える[1]。本書は，そのうちの1つ「図書館情報資源概論」についてまとめたものである。本章では，図書館情報資源について，その誕生と変遷を扱う。

第1節　図書館情報資源という言葉

　図書館の収蔵する資料は，かつて図書館資料（library materials）といってきた。図書館法（昭和25年法律第118号）第3条第1項第1号では，現在も，「図書館資料」という言葉を用いている。これによれば，「図書，記録，視聴覚教育の資料，電磁的記録を含むその他」の資料であり，「郷土資料，地方行政資料，美術品，レコードおよびフィルム」も含むもので，図書館が土地の事情及び一般公衆の希望に沿い図書館奉仕のため収集し，一般公衆の利用に供するものをいう。「資料」とはモノとしての側面（物性）をもち，モノと不可分に情報が記録されたものである。図書館に収蔵するときは，モノとして取り扱い，書架上に整理すればよかった。しかしながら，近年，その状況が大きく変わってきたのである。

　わが国では，1995（平成7）年を「インターネット元年」としたが，この前後から，図書館には，資料とは呼べないものが入ってくるようになった。そのため，モノにパッケージ化された従来からの資料と，ネットワークを通じて直接図書館にもたらされる情報を併せて図書館メディア（library media）と呼び，とくに，ネットワーク上に存在するモノとして側面をもたないものをネットワーク情報資源（network information resource）と呼んだ。

　2009（平成21）年，「これからの図書館の在り方検討協力者会議」が，これまでの「図書館資料」にネットワーク上の情報資源を加え，これらを包括するものを「図書館情報資源」と位置づけた[2]。この言葉が図書館界に定着するかどうかは，今後の使われ方によるだろう。

第2節　書物の誕生

　『広辞苑』（岩波書店）によると，書物とは「文字や図画などを書き，または印刷して一冊に綴じたもの」とある。このことから書物は書写材や形態といったモノに何かしらの表現が記録されてはじめて成立するものである。つまり，書物の歴史は文字と書写体との出会いから始まったといってもよい。

a．文字の始まり

　文字の始まりは紀元前3500年ごろ，メソポタミアのウルクで使用された絵文字といわれてい

る。絵文字が変型してのちに楔形文字になる。楔形文字は，粘土板（clay tablet，写真 2-1）に葦の先端を尖らせたもので刻み，さらに天日干しにして固定させた。今日現存する最古の文学作品は，紀元前 7 世紀の粘土板に記された『ギルガメッシュ叙事詩』の写本3)である。『ギルガメッシュ叙事詩』は紀元前 2000 年ごろからシュメール人によって断片的に記述・編纂されていたことから，その過程で書物もかたちづくられていったと考えられる。

写真 2-1　紀元前 7 世紀ごろの粘土板

　同じく紀元前 3000 年ごろ，エジプトではパピルスの繊維から書写媒体としてのパピルスがつくられていた。薄くて丈夫なパピルスは扱いやすく，さらには断片的な資料をつなぎ合わせることが容易なことから巻子本（rolled book または scroll）として編纂されるようになった。文字は絵文字や図形を様式化したヒエログリフ（神聖文字）が登場し，さらにヒエラティック（神官文字），紀元前 7 世紀にはデモティック（民衆文字）が考案され，書きやすい書体へ変化するとともに文字は日常生活でも使用されるようになった。

b．書写媒体と書物

　メソポタミアでは粘土板，エジプトではパピルスの巻子本が書物であった。紀元前 2 世紀ごろになると，小アジアのペルガモンでは羊の皮をなめしてつくった羊皮紙（parchment）が登場した。羊皮紙は折り曲げることが容易で耐久性も高く，湿度にも強いというパピルスにない特性をもっていた。紀元前 1 世紀ごろにはパピルスと競合するようになり，1 世紀ごろには冊子体の書物も登場した4)。ヨーロッパでは 13 世紀に紙が普及するまで書写材として重宝された。

　一方アジアに目を向けると，紀元前 6 世紀の中国では簡牘と呼ばれる木簡（牘）や竹簡（簡）を紐で結巻した書物が用いられていた。簡牘は役人や軍人などが使用していたが，しばらくすると学問の重要な道具として広く使われるようになった。

　105 年，漢の役人であった蔡倫（AD 50?-121?）が当時の紙の製紙法を発展させ，実用に耐えるブランド紙に発展させた（蔡侯紙といった）。2 世紀には政治の書写材として多くの紙が使用されるほどになった。2 世紀ごろになると日本にも紙が伝来し5)，764～770 年（天平宝字 8 年～宝亀元年）には称徳天皇が鎮護国家の祈念ために，百万塔陀羅尼を寺院へ奉納した（百万塔に収められた陀羅尼は現存する世界で 2 番目に古い木版印刷物ともいわれる）。紙の伝来後，日本では楮や三椏・雁皮を原料とした和紙が生産されるようになった。

　イスラム圏へは，タラス河畔（現在のキルギス共和国タラスの近郊）の戦い（751 年）で捕虜になった中国人よって製紙法が伝わったとされている。その数年後にはサマルカンド（現在のウズベキスタン共和国の古代都市）に製紙工場が設置され，イスラムにおける製紙業の中心地となった。

c．情報資源の大量複製の技術

　ヨーロッパでは長年羊皮紙が書写材として使用されていたが，15 世紀になると紙が取って代

わるようになる。そのきっかけとなったのが活版印刷の登場である。1440年代，ドイツのヨハン・グーテンベルク（J. Gutenberg, 1398?-1468）は活版印刷に必要な金属製の活字や字母（活字の字面を鋳造するのに用いる型）を作成し，さらに金属活字と紙に適した油性インク，ハンドプレス機を開発・設計して活版印刷術を大成させた。そしてグーテンベルクが『四十二行聖書』（1455年）を発行すると，活版印刷術は16世紀までにヨーロッパ各地に広まった。活版印刷の登場によって，これまで手書き写本によっていた書物の複製を大量に生産することができるようになった。そして，18世紀半ばから発達した工場制機械工業によって商品としての書物が登場し，書物の流通が広まった。このような出版文化の発展は，文字の読み書きといったリテラシー教育を盛んにし，一部の特権階級や学者から一般市民へと読者層を広げていった。そして図書館も特定階級の所有物から，一般市民への書物を提供する公共機関へと変貌していった。

第3節　視聴覚資料

a. 視聴覚資料とは

視聴覚資料とは，主に画像，映像，音声といった人間の視覚や聴覚を通じて伝達される情報を記録した資料である。人は文章による情報を獲得する際，"よむ"という行為を通じて情報の理解を試みる。つまり文字情報の理解には必然的に"よみとる"といった意識的・能動的な姿勢がともなうことになる。一方，視聴覚情報の場合は"見る"（look, watch）・"聴く"（listen）といった意識的な獲得とともに，"見える"（see）・"聞こえる"（hear）といった感覚的に伝わるという受動的な側面も有している。このような特性を教育活動にも

写真2-2　コメニウス『世界図絵』

ち込んだのが，チェコスロバキアの教育学者コメニウス（J. A. Comenius, 1592-1670）である。コメニウスは，まず感覚を基礎として学習対象をとらえ，そのあとに理性による認識へいたるという教授理論の観点から，世界初の挿絵入り教科書である『世界図絵』（1658年，写真2-2）を刊行した。『世界図絵』では母国語とラテン語の対訳に日常生活にある風景の挿絵を組み合わせることによって，理解を容易にした。このことから『世界図絵』は世界で最初の視聴覚資料と呼ばれている。

b. 視覚情報の記録

19世紀，フランスのニエプス（J. N. Niepce, 1765-1833）はピューター板，ダゲール（L. J. M. Daguerre, 1787-1851）はダゲレオタイプ（銀板写真）と呼ばれる世界最初の実用的な写真技法を開発した。1840年代，イギリスのタルボット（W.H.F. Talbot, 1800-1877）がカロタイプと呼ばれる写真技法を開発し，ネガポジ法による現像に加え，写真の焼き増し（複製）に成功した。1884年，コダックの創業者イーストマン（G. Eastman, 1854-1932）によって実用的な紙製のロー

ルフィルムが開発された[6]。1888年にはこれを内蔵した携帯型カメラの販売が始まり，開発から約半世紀で写真は大衆化していった。翌1889年，イーストマンはセルロイドを使用した写真フィルムを開発する。

このフィルムはエジソン（T. A. Edison, 1847-1931）などに提供され，のちに映画用フィルム（35 mmフィルム）として普及することになった。世界で最初に映画が上映されたのは1895年のパリで，フランスのリュミエール兄弟（A. M. L. Lumière, 1862-1954・L. J. Lumière, 1864-1948）が開発した複合映写機（シネマトグラフ，cinématographe）によって撮影されたフィルムの上映であった。初期の映画は無音声であったが，1920年代になるとフィルムに音を録音する技術の開発によってトーキー（talkie）が登場し，1930年代になるとテクニカラー方式によるカラー映画が製作されるようになった。

このように，映画の登場はこれまで静止画のみであった視覚資料を"動くもの"としてとらえることを可能にし，さらに視覚情報を補完する音声が加わったことから視聴覚資料へと発展した。

そのほか，図書館とかかわりがあるフィルム材の図書館資料としてマイクロ資料[7]があげられる。マイクロ資料とは図書や雑誌のページや，地図や写真などの平面資料の写真を縮小してフィルム材に焼き付けたもので，マイクロリーダーと呼ばれる拡大映写機を通じて閲覧することができる。マイクロ資料には，フィルム（microfilm）とフィッシュ（microfiche）がある（第3章で詳述）。

c. 聴覚情報の記録

1877年，前出のエジソンは世界最初の録音機である円筒式蓄音機（フォノグラフ，phonograph）を発明した。円筒式蓄音機は錫箔を貼った円筒（レコード）の表面に音の振動に合わせた凹凸をつくり，その溝に針を落とすことによって再生できるものであった。その10年後の1887年，ベルリナー（E. Berliner, 1851-1929）が円盤形レコードと蓄音機（グラモフォン，gramophone）を発明し，今日のレコードの原型となった（カバー写真）[8]。

1962年，オランダのフィリップス社は磁気テープを内蔵したコンパクトカセットを発表した。当時，音楽用磁気テープにはさまざまな規格があったが，フィリップス社は互換性厳守を条件にコンパクトカセットの特許情報を無償公開した。このことからコンパクトカセットは広く採用され，自ずと標準規格となった[9]。コンパクトカセットには，手軽に録音ができるというレコードにはないメリットがあった。録音用のコンパクトカセットも収録時間別に取り揃えられており，手頃な値段で入手できたことから，1970～80年代の一般家庭で大いに活用された。日本では「カセットテープ」と呼び慣わされた。また，磁気テープはコンパクトカセット以外にもベータ方式やVHS方式のビデオテープ，コンピュータの外部記録媒体にも採用され幅広く利用

写真2-3 磁気テープによる記録媒体 左上からコンパクトカセット，3.5インチフロッピーディスク，VHS式ビデオテープ（左端は大きさ確認用の20cm定規）

された。磁気テープによる記録媒体の普及は，視聴覚情報源を個人で扱うことができる身近な存在にした（写真2-3）。

第4節　コンピュータ技術の発展とネットワーク情報資源の登場

a．コンピュータの記憶媒体としての図書館情報資源

　1980年代後半になると，これまで一部の専門家のものとみられていたコンピュータが身近な存在となり，その性能も数字や文字情報からカラー画像，音声，ゲーム画面などアニメーションといったマルチメディア（multimedia）を扱えるほどに向上した。そして視聴覚資料を中心にデジタル方式による記録媒体（デジタルメディア）が登場し，アナログメディアからの移行がみられるようになった。

　デジタル情報とは，すべての情報を0と1からなる2進数を使用して記録し，その情報を"電気が流れている・流れていない"といった2値的な表現方法で取り扱っているものである。その代表的なメディアがコンパクトディスク（compact disc, CD）である。CDは，前出のフィリップス社と日本のソニーが共同で開発し，1982年より日本・欧州で生産が開始された。CDは光ディスクの規格の1つで，プラスチックでコーティングされたアルミニウム製の膜に細かいくぼみを刻み，それに光を当てた際に起こる反射の変化を利用して情報を記録したものである。CDの特徴は文字情報，音声や映像も記録できる大容量のマルチメディア媒体という点である。しかしながら，コンピュータ技術の発展につれて，CDからより大容量のDVD（Digital Versatile Disc），さらにはブルーレイディスク（Blu-ray Disc, BD）が登場し，光ディスクのなかでも移行が進んでいる。このCDをコンピュータの記憶媒体として用いるのがCD-ROM（compact disc Read Only Memory）である。音楽用のCDと同じ生産ラインを用いて製造できるので普及に時間は要しなかった。軽量で薄いので，図書の付録や附属資料として，図書館に入ってくるようになった。

　一方で，ICレコーダーやデジタルカメラ，スマートフォンが普及し，SDカードやメモリスティックといったICメモリが，磁気テープに取って代わっている。

b．ネットワーク情報資源

　1995（平成7）年1月17日，兵庫県南部海域を震源とした阪神淡路大震災が発生し，神戸を中心に壊滅的な被害をもたらした。この大災害で機能不全となった電話回線網に代わり情報発信の手段として使われたのがインターネットであった。阪神淡路大震災の報道よってインターネットの存在が広く知られるようになり，同年11月にはマイクロソフト社の日本語版Windows 95が発売されるなど，社会のネットワーク環境が整いはじめた。

　また，同年からサービスを開始したPHSが女子高生を中心に広がりをみせ，これまでビジネスマンのアイテムだった携帯電話も小型化・低価格化し，2000（平成12）年までには大学生が所有できるまでに普及した。さらに1999（平成11）年にはNTTドコモが「iモード」のサービスを開始し，携帯電話からのインターネット接続が可能となった。

このころになると一般家庭においてもパソコンが普及し，個人で作成した Web ページも増加した。そして今日では多くのネットワーク情報資源が登場し，さまざまなサービスが提供されるようになった。遠隔地にあるサーバへのリモートアクセスであるネットワーク情報資源は，従来の図書館資料にはあったモノとしての側面がなく，図書館へ所蔵するという概念もあてはまらないものであった。また 1990 年代後半から電子ジャーナルや電子書籍といった電子出版物が流通しはじめるようになり，Facebook や Twitter などのソーシャルネットワーキングシステムによって普及したタブレット端末やスマートフォンを通じて，その利用が広がりつつある。

このような情報環境の変化に対応するために，図書館もネットワーク情報資源や電子書籍を提供する電子図書館としての機能が求められるようになった。

設 問

(1) 書物（印刷メディア），視聴覚メディア，ネットワーク情報資源，電子書籍について調べ，それぞれがもつ特性（長所・短所）を書き出しなさい。
(2) 書物の誕生から今日にいたるまで，さまざまなメディアが誕生した。図書館情報資源の多様化によって，これまでに図書館の役割やサービスにどのような影響をあたえたか。グループで検討し，900字程度で述べなさい。

参考文献

1. ブリュノ・ブラゼル『本の歴史』創元社，1999 年
2. 香取淳子『情報メディア論 メディアの系譜と開発原理』北樹出版，2002 年
3. 村山匡一郎編『映画史を学ぶクリティカル・ワーズ』フィルムアート社，2003 年

注）

1) これらの科目は，図書館情報技術論，情報サービス論，情報サービス演習，図書館情報資源概論，情報資源組織論，情報資源組織演習である。これに対し，「知識」を名称に含んだ科目は 1 つもない。第 15 章で述べるように，これは望ましいことではない。
2) これからの図書館の在り方検討協力者会議『司書資格取得のために大学において履修すべき図書館に関する科目の在り方について（報告）』2009 年，p.6。
3) 19 世紀中葉から 20 世紀初頭にかけてニネベで 2 万5000 枚にも及ぶ紀元前 7 世紀の粘土板が出土し，そのなかにはアッカド語による『ギルガメッシュ叙事詩』の写本が含まれていた（マーティン・ライアンズ『ビジュアル版 本の歴史文化図鑑』柊風舎，2012 年，p.17）。
4) それまでの書物は巻子本が主あったが，羊皮紙の登場により冊子体へ移行していった（ヘルムート・プレッサー著，轡田収訳『書物の本』法政大学出版局，1973 年，pp.12-14）。
5) これまで紙の伝来は 8 世紀の曇徴によるものとされていたが，『日本書紀』や『古事記』の記述から 2 世紀には紙の存在を知っており，曇徴来日以前に製紙技術が伝わっていた可能性が高い（寿岳文章著『日本の紙』吉川弘文館，1967 年，pp.1-38）。
6) リーズ・V・ジェンキンズ著，中岡哲郎［ほか］訳『フィルムとカメラの世界史 技術革新と企業』平凡社，1998 年，pp.124-125。
7) 証拠能力が高いことから，1928 年アメリカで小切手の記録用カメラの開発によって実用化された。
8) レコード再生には EP 盤（45 回転）と LP 盤（33 と 3 分の 1 回転）があり，プレーヤーのテーブル回転数を合わせることによって正しく再生することができる。
9) 大賀典雄「コンパクトカセット，そしてディジタルオーディオへ」『映像情報メディア』vol.58, no.6, 2004年 6 月，pp.779-782。

3 印刷資料・非印刷資料の類型と特質

今日，私たちがなんらかの情報を求める場合，インターネット情報資源や図書や雑誌，新聞などのさまざまな資料を用いる。図書館が取り扱う資料は多種多様である。これらの図書館情報資源のうち，電子資料，ネットワーク情報資源については第4章で，地域資料，行政資料（政府刊行物を含む）については第5章で扱うので，ここでは，それ以外の印刷資料および非印刷資料の類型，種類別の資料の特質について説明する。

第1節　資料の類型

図書館の資料は，いくつかの観点で組み合わされて扱われる。図書館の運用上からみた類型は，館種を問わず，①一般図書，②新聞・雑誌，③参考図書，④パンフレット，クリッピング資料，⑤視聴覚資料，⑥地域資料／郷土資料，⑦電子資料と分けられる。しかし，この類型は，資料の形態と資料の内容による観点が混在している。

図書館資料を類別する視点は，資料の内容面からの区分，資料の物理的形態による区分の2つに大別できる。資料の内容面による区分は，主題別（歴史，自然科学，芸術，文学など），言語別（和漢書，洋書など），利用目的別（一次資料，二次資料など），刊行元別（民間出版社，官公庁，自作など）があげられる。また，物理的形態による区分は，記録材料別（紙，紙以外），記録形体別（図書，図書以外），表現形式別（文字，画像，動画）などが考えられる。

ほかにも，サービス対象別（一般／成人，児童，ヤングアダルト，高齢者，障がい者など），収集資産登録別（購入，寄贈，交換，寄託など）の視点があげられる。

第2節　図　書

図書とは，思想，知識，情報などを他者に伝えるために，筆写または印刷されたページが一定の厚さに製本されたものである。また，『図書館用語集』（四訂版，日本図書館協会）によれば，図書館における図書とは，文字・図・写真などの伝達を目的とした内容があること，内容が紙葉に印刷されていること，紙葉がばらばらにならないようにひとまとめにされ，製本によって表紙がつけられていること，ある程度の分量（ユネスコの定義では49ページ以上）の非定期刊行物であることの4点をあげている。

洋装本はコデックス（codex，紙のようなシート状の書写材料を複数枚重ね合わせ，その一辺をとじたもの）と呼ばれる写本が原型となる。1450年ごろにグーテンベルクが活版印刷術を集大成し，インキュナブラ（incunabula）[1]と呼ばれる活字印刷本が珍重された。その後製紙術の発展に伴い，

安価ながら堅牢でしっかりした装丁（図書の外装のこと。第6章で詳説）の図書が普及する。

　日本における図書の始まりは巻子の形態をとる。中国から製紙法が伝わり，仏典の書写や絵巻物の作成などが盛んにおこなわれるようになる。巻子形態は途中部分を開くのに不便であったため，のちに，折り本や粘葉装[2]などの製本様式に変化する。

　図書は世界各国で毎年出版され，膨大な点数に達する。そのため，図書の国際的な流通・入手が容易におこなわれるよう，出版者（社）はISBN（International Standard Book Number, 国際標準図書番号）と呼ばれる識別番号を付与する。ちなみに，2015（平成27）年のわが国の新刊発行点数は8万48点[3]あった。

第3節　逐次刊行物（継続資料）

　逐次刊行物とは，終期を予定せず，一般的には同一のタイトル（標題）のもとに，巻次・年月次を追って逐次刊行される出版物である。

　逐次刊行物はその刊行形態に応じて定期刊行物（刊行期日があらかじめ定められている）と不定期刊行物（刊行回数や期日は確定せず，必要に応じて刊行される）に大別される。さらに，定期刊行物は刊行頻度を示す，日刊，週刊，隔週刊，旬刊，半月刊，月刊，隔月刊，季刊，半年刊，年刊，隔年刊といった表現が用いられる。

　なお，日本目録規則1987年版改訂3版では，逐次刊行物ではなく，「継続資料」という名称が用いられている。この名称では刊行される資料の媒体を問わないため，内容が適宜更新される更新資料も目録記述がおこなえるようになった。

　以下，逐次刊行物に位置づけられる新聞と雑誌，更新資料について整理する。

a. 新　聞

　新聞は，「不特定多数の人々を対象に，最新のニュースの報道と評論を主たる目的とし，同一タイトルのもとに，ブランケット判（普通の日刊新聞紙の大きさ。タブロイド判の2倍の大きさ。大判）もしくはタブロイド判（普通の新聞の1ページの半分，B4判程度の大きさの新聞および刊行物をいう）の形態で綴じずに刊行される逐次刊行物」（『図書館情報学用語辞典』丸善，2007年）であり，定期刊行物である。

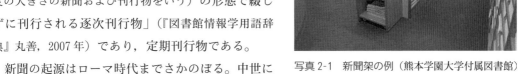

写真2-1　新聞架の例（熊本学園大学付属図書館）

　新聞の起源はローマ時代までさかのぼる。中世には，手書き新聞，書簡形式の新聞が次第に登場するなか，グーテンベルクの活版印刷が新聞普及の誘因となった。世界最初の日刊紙はドイツの"*LeipzigerZeitung*"（1660年創刊）で，その後，欧州各地に日刊紙が現れた。日本初の日刊紙は1871（明治4）年に創刊された『横浜毎日新聞』で，その後，1872（明治5）年に『東京日日新聞』（現在の毎日新聞の前身）が生まれて，新聞は

文明開化のシンボルとなった。

　新聞は，通常は日刊，週刊，月刊などの短い間隔で刊行される。新聞で扱う内容により，一般紙，専門紙などに類別される。一般紙の種類には，①全国に販路をもつ全国紙，②数県または一地方の広域に販路をもつブロック紙，③単一の県域をベースに販路をもつ地方紙（県紙），④市町村程度の単位で発行するローカル紙がある。ほかに，特定の領域や業界に関する内容を扱う専門紙（スポーツ紙など），政党，宗教団体，労働組合，住民団体などの社会的団体が宣伝・教育・布教などを目的に刊行する機関紙などがある。新聞の発行点数は，1020紙となっている（2015年7月現在）[4]。なお，業界全体の状況を把握するには，『日本新聞年鑑』（日本新聞協会，年刊），『専門新聞要覧』（専門新聞協会，年刊）などによるとよい。

　図書館における新聞は館内閲覧を基本とし（写真2-1），貸出はおこなわない。また，縮刷版，マイクロフィルム，新聞記事データベース，クリッピング資料（郷土／地域情報などの切り抜き）などのかたちで利用される。

b. 雑　誌

　雑誌とは，逐次刊行物のうち，定期的に刊行（発行頻度は週刊〜季刊程度）され，テーマ，読者，執筆者等において一定の方向性をもち，複数の記事を含み，通常は簡易な製本でかつ，終期を予定しないで発行される出版物である。判型や製本の有無によって新聞と区別される。図書館では，図書と並ぶ二大情報源である（写真2-2）。

写真2-2　雑誌架の例（熊本学園大学付属図書館）

　雑誌の起源は1665年にフランスで創刊された"*Journal des Savants*"（『ジュルナール・デ・サヴァン』）とされる。日本では，柳河春三（やながわしゅんさん）（1832-1870）が1867（慶応3）年に『西洋雑誌』を創刊した。なお，magazineの訳語として雑誌をという語を初めて用いたのは柳河であった。ついで，1873（明治6）年に『明六雑誌』が国内における学術雑誌として刊行された。

　雑誌の種類は市販雑誌，学術雑誌（学会・協会誌，紀要[5]など，カバー写真），官公庁誌，業界誌，同人誌（同人雑誌），社内誌・社内報，ニュースレターなどに類別される。また，雑誌と図書の性格を併せもつムック（Mook）と呼ばれる刊行物がある。2015（平成27）年現在，わが国で刊行されている一般市販雑誌は約3700点[6]である。また，『雑誌新聞総かたろぐ2016年版』（メディアリサーチセンター）には，通常非売品扱いになる学協会誌，官公庁誌，同人誌などを併せた1万5042点（2016年3月現在）の雑誌情報が収録されている。

　一般的に，雑誌は一定の誌名と編集方針，主題範囲をもち，複数の執筆者による独立した記事を多数掲載する。そして，毎号ごとに「追い番号」（巻号）をもつ。雑誌は，誌名や発行元が替わることがたびたびある。そのため雑誌の同定には，誌名以外に，巻号，発行年月，発行元などの項目が重要となる（こうした変遷を「書誌的来歴」という）。なお，学術雑誌を含む一部の逐次

刊行物にはISSN（International Standard Serial Number, 国際標準逐次刊行物番号）と呼ばれる国際的な識別番号が付与される。

　図書館における雑誌の収集選択は「土地の事情及び一般公衆の希望に沿い」（図書館法第3条）つつおこなうことが重要である。また，購入に関しては，中長期の計画をふまえた検討が必要とされる。学術雑誌は近年電子ジャーナルの導入が急速に進んでいる。

c．更新資料

　更新資料は更新によって内容に追加変更があっても，ある1つの刊行物としてのまとまりが維持される資料であり，加除式資料やWebサイト，データベースなどをさす。

　加除式資料とは，製本されず，紙1枚1枚を加えたり抜いたりして資料の内容を更新できるよう，各ページの端に穴をあけて紐で綴じた資料で，ルーズリーフ資料とも称する。加除式資料は法令集や判例集，規格集など，最新のデータを常に維持する必要があるものによく用いられる。更新内容を収録した追録版が出版された際には，追録版を購入して図書館側で対応ページを差し替えるか，版元から担当者が図書館を訪問して差し替えるなどの対応をおこなう。

第4節　小冊子

　小冊子は仮綴じで紙表紙の簡単な冊子体資料のことで，パンフレットともいう。ページ数による定義は国によってまちまちで，日本では一般的に100ページ未満のものをさすが，ユネスコによる定義では「表紙を除き，5ページ以上48ページ以下の印刷された不定期刊行物」とされている。ほかに，分量の少ない印刷資料としては，リーフレット，一枚もの（ビラ，チラシ，ポスターなど）があり，小冊子と同様の次のような処理がなされることがある。

　小冊子はページ数が少ない印刷資料であるが，速報性と広報性が高い身近な情報資源である。また，簡便なつくりであるため，図書と同様の整理をおこなわず，バーチカルファイル，シェルフファイル，ピジョンホール（写真2-3，2-4，2-5）などの特別の整理方法をとる。

　小冊子は，一時的な目的で作成されるものが多く，短命資料と呼ばれる。また，図書や雑誌の記事に載らない情報を，パンフレットとして刊行する場合も多い。テーマを厳選して収集してい

写真2-3　バーチカルファイル

写真2-4　シェルフファイル

写真2-5　ピジョンホール

けば，既存刊行物では得られない貴重な情報源となる。内容も時事的情報，行政関連情報，各種団体のイベント情報，各種施設の案内情報，出版刊行情報と多岐にわたる。そのため，図書館では，パンフレットはクリッピング（切り抜き資料）と併せて，インフォメーションファイルとして用いられることが多い。ただし，資料価値を考慮した編成（廃棄処理，合綴製本など）が求められる。

第5節　視聴覚資料

視聴覚資料は，「画像・映像・音声など，文字以外の表現方法で主に記録された資料」（『最新図書館用語大辞典』柏書房）である。19世紀半ば以降，写真，映画，録音などといった，情報の新しい記録技術が発展し，文字以外の情報伝達が可能となった。

日本目録規則では，視聴覚資料を録音資料，映像資料，静止画資料の3つに大別している。

録音資料は，録音された資料で，一般的に映像を伴わない。図書館では，レコード，カセットテープ，コンパクトディスクなどの資料を主に扱う。映像資料は，「視覚的にとらえることができる画像を光学的，電気的に記録しメディアの上に保存した資料」（『最新図書館用語大辞典』柏書房）である。図書館では，映画（フィルム），ビデオテープ，DVD（Digital Versatile Disc），ブルーレイディスク（Blu-ray Disc, BD）などが用いられる。録音資料と映像資料はAV（audio-visual material）資料と称されることもある。これらの利用には，保存メディアに応じた再生装置が必要となる（カバー写真）。

静止画資料とは，「内容を受容するときに再生装置を必要としない」（日本目録規則1987年版改訂3版）資料であり，写真，掛け図，紙芝居，絵画，ポスターなどをさす。

第6節　マイクロ資料

マイクロ資料は図書や雑誌，図面，古文書などの資料を写真技術によって縮小撮影し，フィルムに焼きつけたものをいう（写真2-6）。マイクロ資料に収められた写真は肉眼では読み取ることができないほど縮小されている。そのため，拡大表示できる専用の拡大再生装置（マイクロリーダー，カバー写真）を要する。

表2-1にマイクロ資料の種類を掲げる。マイクロ資料のうち，マイクロフィルムとマイクロフィッシュは図書館情報資源として現在でも用いられる。一方，スライドやアパーチュアカードは図書館内にて使用される頻度は低くなっている。

マイクロ資料は，①高い記録密度であるため，か

写真2-6　マイクロフィルム（上）とマイクロフィッシュ（下）

3　印刷資料・非印刷資料の類型と特質　*23*

表 2-1　マイクロ資料の種類

マイクロフィルム（microfilm）	個々のコマが連続して収められたロール状のフィルムで，フィルム幅が 35mm と 16mm がある。
マイクロフィッシュ（microfiche）	105×148mm のシート上のフィルムに複数コマを碁盤の目のように並べて収めたものである。コマの大きさにより，1 シートに収めるコマ数は 30，60，48，98，244，270 枚と規格化されている。
スライド（slide）	ポジフィルムを 1 枚ずつマウントにはめ込んで利用する資料である。
アパーチュアカード（aperture card）	ロールフィルムのひとコマを切り取り，窓状に切り抜いたカードに貼りつけたものである。主に図面情報を収める。

さばる資料をまとめて保存できる，②文字および画像の解像度が高いため，プリンタを用いて拡大印刷，頒布が簡単におこなえる，③環境（温度 21 度以下，湿度 15～40%）[7]を適切に保てば，半永久的に保存できる，④原資料の形が異なっても，マイクロ資料では大きさを一定にできるので，保管が容易で管理がしやすい，といった特徴をもっている。

　1990 年代，絵図や古文書などの損傷しやすい資料のデジタル化は，撮影時の資料保護を念頭に，原資料を一度マイクロ資料に撮影してから画像に取り込む動きがみられた。その理由を，①情報密度が高い，②高画質を確保できる，③品質が安定し保存がよい，④将来の画像取り込み技術の高度化に対応できる，⑤画像の再取り込みができる[8]としている。

　近年，コンピュータの画像処理技術と利用のための電子資料技術が発展し，原資料をスキャナなどで直接デジタル化する動きが積極的にみられるようになった。ただし，電子資料は，記録メディアの劣化，技術革新による度重なる規格変更などにより，収載情報を永久に保存利用できるか疑問視されている。マイクロ資料は，その安定性から，ただちに電子資料に換えられることはない（詳しくは，本シリーズ第 2 巻第 9 章を参照）。

第 7 節　視覚聴覚において特別な支援を必要とする人々のための資料

　近年，視覚に障がいをもつ人を対象とした図書館サービスが積極的におこなわれるようになってきた。ここでは，そうした人々のために特別に作成・利用される資料について取り上げる。

　点字資料は，点字で記された資料のことである。点字は触覚にて読めるように凸点を組み合わせた視覚に障がいをもつ人の文字体系である。縦 3 点×横 2 点の 6 点を 1 単位として，凸の有無の組み合わせで文字や数字を表す。なお，点字に対して，一般の文字を墨字という。点字資料に用いる用紙は厚手のものが多く，点字資料の大半はかさばる。そのため，点字資料の配架には点字をつぶさないなどの工夫が必要になる。また，墨字を点字に直すことを点訳という。

　拡大図書は，すでに発行された図書を弱視者向けに文字や絵を拡大したものである。肉太の活字で大きく組み直した大活字本，手書きで作成される拡大写本，原本をカメラなどで拡大した拡大本などがある。

　音訳資料は書かれた文字を音声読み上げにて録音した資料である。カセットテープによるアナ

ログ録音が長年使われてきたが，近年は，DAISY 規格[9]によるデジタル形式で録音された資料
も普及している。文字を音に変換することを音訳という。

「さわる絵本」は，絵本の絵の部分を手で触ってわかるようにつくられたもので，文章部分は
墨字と点字の両方で表す。絵の部分は，元の絵に近づけて触覚にて味わえるよう，毛糸や布など
さまざまな素材を用いて製作される。

視覚に障がいをもつ人々のための資料は市販の出版点数が少なく，多くは自館のボランティア
による点訳・音訳に頼らざるをえない。点訳・音訳は著作物の複製にあたる。図書館における特
別な支援を必要とする人々向け資料の複製は著作権法（昭和 45 年 5 月 6 日法律第 48 号）第 37 条
にもとづいておこなわれる。点字資料の入手には，国立国会図書館が作成する「点字図書・録音
図書全国総合目録」[10]や日本点字図書館が管理する「視覚障害者情報総合ネットワーク『サピエ』」
（https://www.sapie.or.jp，'16.9.12 現在参照可）などを参照するとよい。

第 8 節 そのほかの印刷資料・非印刷資料

書写資料は写本，手稿などの手書きされた資料をさす。作者オリジナルの原稿，古文書，写本
など，本質的に一点物であるため，文書館資料として扱われることもある。

地図は，「地球表面，地球内部，海洋，大気圏，天体の全部または一部を，一定の方法により
縮小し，記号・文字・色彩などを用いて描写再現したもの」（日本目録規則 1987 年版改訂 3 版）で
ある。形態的には，二次元で表現した一枚図（map），折り図，掛け図，地図帳（atlas）などに
区分され，立体的に表現した模型や天球儀もある。また，内容的には，一般図，特定の目的用途
に応じて作成される主題図（地質図，海図，土地計画図など），古地図に分けられる。

一般図は，日本国内の基本図である「2 万 5 千分 1 地形図」が代表的なものである。観光事業
や行政施策などさまざまな分野で利用される。公共図書館では地域社会とのかかわりのうえで，
必須の資料といえる。

地図の基本図は，国土地理院（国土交通省）が作成・更新している。地理院地図（http://maps.
gsi.go.jp/，'16.9.12 現在参照可）では，国土地理院が整備・管理している電子国土基本図を確認
することができる。

楽譜は，音楽を記号，数字，文字などの記号を用い，一定の約束に従って視覚的に書き表した
ものである。楽譜が図書の形態で出版される場合（楽曲集，歌曲集など），図書館では通常図書と
して扱う。

設　問

(1) 対象となる年度と月を自分で設定し，図書の年間（もしくは月間）売り上げランキングを調査し，
報告しなさい。

⑵ あなたがよく利用する図書館において，所蔵する新聞の種類，利用方法，保管方法について調査し，900 字以内で報告しなさい。

参考文献
1. 樺山紘一編『図説本の歴史』河出書房新社，2011 年
2. 浜崎廣『雑誌の死に方："生き物"としての雑誌，その生態学』出版ニュース社，1998 年

注）
1）グーテンベルクが 1450 年代に印刷した聖書以降，15 世紀末にいたる半世紀のあいだに初期印刷技術によってヨーロッパで刊行された印刷本の総称。揺籃期本，初期刊本ともいう。初期印刷術は中世の写本を模倣するところから出発したため，インキュナブラには写本の字体を模した活字が使われ，彩色を施すこともあった。
2）印刷または筆写された紙を，文字面を内側にして二つ折りし，各紙の折り目の外側の背に近い部分に糊を付けて相互に接着させて 1 冊とし，表紙を加えたもの。
3）出版年鑑編集部編『出版年鑑 平成 28 年版 資料・名簿編』出版ニュース社，2016 年，p.30。
4）経済産業省「07 新聞業 全規模の部 第 6 表 新聞発行種類別の企業数及び発行種類」『平成 27 年特定サービス産業実態調査（確報）』2016 年 8 月 3 日掲載，http://www.meti.go.jp/statistics/tyo/tokusabizi/result-2/h27.html（'16.9.12 現在参照可）。
5）紀要は，大学または研究所などで発行される，学術論文や調査報告書などを載せた雑誌のこと。年 1 回発行のものが一般的である。
6）前掲 3），p.44。
7）国立国会図書館「マイクロフィルム保存のための基礎知識」http://www.ndl.go.jp/jp/aboutus/preservation/pdf/microfilm2012.pdf（'16.9.12 現在参照可）。
8）九州地区国立大学附属図書館電子化推進連絡会議『資料電子化の効率的な促進に関する調査報告』1998 年。
9）DAISY は Digital Accessible Information SYstem の略。DAISY 規格とはデジタル録音図書の国際標準規格であり，音声フォーマットの圧縮技術により，1 枚の CD に 50 時間以上も収録できる。
10）国立国会図書館「点字図書・録音図書全国総合目録」http://www.ndl.go.jp/jp/library/supportvisual/supportvisual-03.html（'16.9.12 現在参照可）。

4 電子資料，ネットワーク情報資源の類型と特質

　コンピュータと通信ネットワークの発展および普及により，「電子資料」「ネットワーク情報資源」が身近となった。電子書籍やインターネット上で得られる情報などがこれらに含まれるが，世の中の情報を収集し提供する図書館にとっては第3章で扱った資料や情報資源に加え，これらも収集および提供の対象である。よって，その特徴や類型を把握することが必要である。

第1節　電子資料，ネットワーク情報資源の定義と特徴

　電子資料やネットワーク情報資源と伝統的な資料との大きなちがいは，その内容がコンピュータで扱えるデジタルデータになっている（電子化されている）ということである。よってここでは電子資料とネットワーク情報資源を合わせて"デジタルもの"と便宜的に呼ぶことにしよう。
　以下では，いくつかの観点から"デジタルもの"と図書との比較をおこなうことで，それらの特徴をとらえつつ，電子資料およびネットワーク情報資源それぞれの定義をおこなう。

a. "デジタルもの"は「中身」と「容れ物」を分離できる

　図書は印刷物であり，「中身」である文字や図表などと「容れ物」である冊子は不可分である。一方，"デジタルもの"は，その内容を別の「容れ物」すなわちメディアに移したり劣化なしにコピーしたりすることができ，また，通信ネットワークを介して送受することができる。
　電子資料とは，CDやDVD，磁気テープ[1]などの「容れ物」にデジタルデータを固着化させた（保存した）ものをいい，それゆえに「パッケージ型電子資料」ともいわれる。一方，ネットワーク情報資源とは，「容れ物」には収めず通信ネットワークを介して利用者に提供される情報をさす。

b. "デジタルもの"には「ファイル形式」という属性がある

　文字や図表などを直接印刷する図書と異なり，電子資料では文字や図表などをいわば"デジタルに変換"してファイルに収めている。変換の方法が異なれば，見た目が同じ情報でも異なるデジタルデータとなる。この変換の方法や変換の際の決まりを「ファイル形式」，あるいは「ファイルフォーマット」という。表4-1に，文字データを主とした"デジタルもの"の汎用ファイル形式を示す。表中に示すように，図書の「ページ」の概念をもたず，使用するハードウェアの表示画面の大きさに合わせたり，読みやすい大きさの文字で表示したりすることのできる「非固定レイアウト」のファイル形式がある（これをリフロー型といい，固定レイアウトのものをノンリフロー型ということがある）。
　なお，これら以外にも，数値が主である"デジタルもの"では表計算ソフトウェアの形式（マイクロソフト社のExcelの形式など）がよくみられる。また，電子書籍提供会社による独自の形式

4　電子資料，ネットワーク情報資源の類型と特質　27

表 4-1　電子資料の主なファイル形式

名　称	特　徴	閲覧ソフトウェア
PDF (Portable Document Format)	アドビ社による文書形式。国際標準になっており，インターネットにおける文書交換の事実上の標準のようになっている。紙に印刷して製本すればそのまま図書となるような「固定レイアウト」の文書形式。	アドビ社 Adobe Reader そのほか各社のソフトウェアがある
HTML (HyperText Markup Language)	Web ページを作成する際の記述言語。HTML タグと呼ばれる文字記号によって見出しや図挿入などの構造を記述する。図書のような紙の大きさや文字の大きさが決められているわけではなく（非固定レイアウト），閲覧環境によって表示が異なる。	Web ブラウザ（例：マイクロソフト社の Internet Explorer や Microsoft Edge）
XML (Extensible Markup Language)	HTML と同様のタグ付けによる記述言語。自由にタグを定義できる。人間が閲覧することを目的とする文書には表示形式を定めたスタイルシートを添えることが一般的。非固定レイアウト。＊詳細は第 15 章第 2 節を参照。	変換プロセッサおよび Web ブラウザによって閲覧可 そのほか各社のソフトウェアがある
Microsoft Word 形式 (DOCX)	マイクロソフト社のワープロソフトウェア「Word」の文書ファイル形式。固定レイアウト。	マイクロソフト社 Word（有料）そのほか数社のソフトウェア
EPUB3	主として電子書籍を作成するためのファイル形式。XHTML（HTML の拡張）をもとに，画像ファイルやスタイルシートをまとめて 1 つのファイルにしたもの。非固定レイアウト。	EPUB ビューワ，EPUB リーダと呼ばれるパソコン用ソフトウェアが各社から供給されている

もある[2]。さらに，"デジタルもの"には画像や動画，音声もあり，それらのファイル形式も種々ある。

c. 閲覧の際にハードウェアとソフトウェアが必要

　図書は閲覧のために機器などを必要としない。一方，"デジタルもの"は，ソフトウェアとそれを動作させるためのハードウェアが必要である。

　ハードウェアには，パソコンやタブレット，スマートフォンなどがある。電子書籍提供会社によっては，その会社の電子書籍の閲覧専用のハードウェアを提供している（カバー写真参照）。

　ソフトウェアは，ファイル形式を解釈し，デジタルで表現された文字や図表，音声などを私たちの視覚や聴覚で認識できるものに"戻して"表示や再生するという動作をおこなう。ネットワーク情報資源の多くは World Wide Web（WWW）のサービスを介して提供されており，閲覧のためには Web ブラウザがあればよい。

　専用ハードウェアが製造されなくなったり，新しいオペレーティングシステムに対応したソフトウェアが作成されなくなったりすると，"デジタルもの"を閲覧できなくなることがある[3]。また，閲覧のためには使用方法を知る必要があり，図書館では利用者教育が必要となる場合もある。

d. "デジタルもの"は検索機能と合わせて提供されているものが多い

　図書の内容をキーワードによって検索しようとする場合に使用できるのは，せいぜい目次と巻

末の索引ぐらいであろう。それに比べ，"デジタルもの"ではすべての内容を検索できるしくみをもったものが多々ある。とくに文章全体を検索できる機能を「全文検索」という。ソフトウェアがその一機能として検索機能を備えていたり，組織化されたネットワーク情報資源を提供するWebサイトに検索の機能が含まれていたりすることが多い。

　以上，"デジタルもの"の特徴を把握しつつ電子資料（パッケージ型電子資料）とネットワーク情報資源の定義を示した。以後，本章においては，ネットワーク情報資源とパッケージ型電子資料とに分け，それぞれ特質や類型，種類などを解説する。

第2節　ネットワーク情報資源の特質と類型

　ネットワーク情報資源は，具体的には，オンラインデータベース（以下，オンラインDB），電子ジャーナル，機関リポジトリ，サーチエンジン，Webページなどがあげられる（詳しい説明およびこれらの特徴は本シリーズ第3巻第12章を参照）。以下，本節ではネットワーク情報資源全体を俯瞰し，いくつかの観点からその特質と類型，および実例を解説する[4]。

a. ネットワーク情報資源の長所と短所

　パッケージ型電子資料に比べ，ネットワーク情報資源には速報性がある。学術情報の流通には速報性が不可欠であり，とくに学術論文を扱う電子ジャーナルが急速に普及していることはネットワーク情報資源のもつこの長所をいかしているといえる。

　一方，通信ネットワークに異常が発生すると閲覧や検索ができなくなる。また，通信ネットワーク環境を維持するためのコストが必要となる。

b. 編集および組織化の有無による類型化

　団体や組織などが，その情報収集方針に沿って収集した情報や団体内で発生した情報を編集して組織化し，インターネット上でWebサイトとして公開している。その多くは検索機能を付している。いわば「インターネット上の専門図書館・文書館」である。このようなWebサイトの種類はさまざまであるが，図書館にとって利用価値が高い主要なものを以下に示す。

①各国の国立図書館が，その国に関する資料を組織化して公開しているWebサイト。American Memory（アメリカ合衆国，http://memory.loc.gov/，'16.9.12現在参照可，以下同じ），Europeana（ヨーロッパ連合，http://www.europeana.eu/）など。また，「国立国会図書館サーチ」（http://iss.ndl.go.jp/）は，同図書館および日本国内の所蔵目録およびデジタル化した一次情報（一次資料）を一括で検索できる情報資源である。

②中央省庁や地方自治体のWebサイト。その組織に関する公文書や，会議議事録などを検索し閲覧することができる。

③研究機関や大学，公文書館が収集した情報を組織化して公開しているWebサイト。例として，国文学研究資料館の「電子資料館」（http://www.nijl.ac.jp/pages/database/），早稲田大学演

劇博物館の「デジタル・アーカイブ・コレクション」（http://www.enpaku.waseda.ac.jp/db/），国立公文書館の「デジタルアーカイブ」（http://www.digital.archives.go.jp/）などがあげられる。

④新聞社やシンクタンクの Web サイト。客観性の高い記事や統計データを得ることができる。また，過去の記事を一括検索できるサービスをおこなっている新聞社もある。

⑤学術論文の検索および閲覧をおこなうことのできる Web サイト。日本で代表的なものとして，国立情報学研究所が公開し管理している「CiNii Articles」（http://ci.nii.ac.jp/）がある。

⑥事典や辞典を検索することのできる Web サイト。

　以上のような，さまざまな「組織化された情報の提供」がおこなわれている一方，組織化されていない WWW 上の情報，すなわち一般的な Web ページも多々存在する。これらは編集の過程を経ておらず「信頼に足る情報ではない」と捉えられることから，図書館が扱うものではないという考え方がある。他方で，組織化および編集の有無にかかわらず，すべての（あるいは選択的に）Web ページを保存する「Internet Archive」（http://archive.org/）や各国の国立図書館がおこなっている Web アーカイビング（本シリーズ第 3 巻第 14 章を参照）なども存在する。

c. 一次情報と二次情報

　電子ジャーナルや機関リポジトリは論文などの一次情報を提供する情報資源である。文学作品を公開している「青空文庫」（https://www.aozora.gr.jp/）のようなネットワーク情報資源もあり，これも一次情報を提供している。

　オンライン DB には情報や数値そのものや文献の全文などの一次情報を提供する「ファクト DB」と，メタデータや索引，抄録などの二次情報を提供する「レファレンス DB」がある[5]。二次情報提供の例としては，国立国会図書館が NDL-OPAC（http://ndlopac.ndl.go.jp/）内にて同図書館の作成による「雑誌記事索引」を検索できるようにしている（メタデータについては本シリーズ第 3 巻第 12 章を参照）。

d. 閲覧の方法…ハードウェアとソフトウェア

　前述のとおり，多くのネットワーク情報資源は Web ブラウザが備わったパソコンやタブレットなどで閲覧することができる。独自のデータを扱うために，Web ブラウザへの追加ソフトウェア（「アドオンソフトウェア」「拡張機能」などと呼ばれる）を必要とするオンライン DB や電子ジャーナルなどもある。

e. 閲覧の方法…手続き

　電子ジャーナルの多くは有料で提供されている。提供機関と契約を結び，利用料金を支払って利用する。オンライン DB にも同様のものがある。一方，機関リポジトリはほぼすべてが手続き不要で無料で利用できる。

表 4-2　主なオンライン DB 提供機関

提供機関名	DB システム名	提供 DB 数
ProQuest	ProQuest DIALOG	約 150
Wolters Kluwer	OvidSP	約 140
日外アソシエーツ	NICHIGAI/WEB サービス 日外 e-レファレンス・ライブラリー	約 30
ジー・サーチ	JDream Ⅲ	約 10

オンラインDBについては，DB作成機関が作成したDBに提供機関が検索ソフトウェアを付して提供するという提供方法がある[6]。表4-2に主な提供機関を示す。

第3節　パッケージ型電子資料の種類と特質

パッケージ型電子資料は，ネットワーク情報資源とは正反対の長所および短所がある。すなわち，速報性は劣るが，郵便などの輸送手段があれば利用者に届けることができ，そのコストは通信ネットワーク環境維持よりも低く抑えられる（もちろん輸送手段利用の頻度にもよる）。ただし，電子書籍（後述）は「中身」を通信ネットワークによって利用者に届けるので，この長所・短所はあたらない。本書においては，このような"デジタルもの"も「容れ物に保存された情報を閲覧する」という点でリムーバブルメディアが主であった時代と変わらないと考え，パッケージ型電子資料に含めることとする。

前節では，ネットワーク情報資源の分類の観点として「編集および組織化の有無」をあげたが，パッケージ型電子資料は作成者によって編集および組織化がなされていることが一般的である。

以下本節では，「リムーバブルメディアに収められた電子資料」と「電子書籍」，およびそのほかの電子資料に分け，それらの特徴を解説する。

a. リムーバブルメディアに収められた電子資料

主としてパソコンで使用するためにCD-ROMやDVD-ROMなどに収められた，以下のような電子資料がある。

①文学作品などの一次情報を収めたもの。文字以外にも画像や音声，動画などを含むものがあり，「CD-ROMブック」「マルチメディアブック」などと名づけられている。

②事典や辞典，および『六法全書』のようにレファレンス資料のように使用されるもの。専用のハードウェアで閲覧するものもある。

③書誌や出版情報などの二次情報。

現在では，これらはほとんどネットワーク情報資源に移行している。また，文学作品などの一次情報は電子書籍にも移行しており，現在ではその役割を終了しているといってよい[7]。

b. 電子書籍

電子書籍は提供会社（コンテンツプロバイダ）と契約することにより利用可能となり，その会社の電子書籍専用のハードウェ

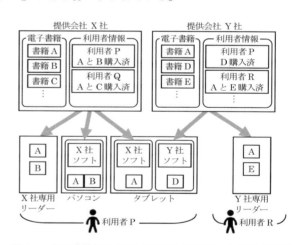

図4-1　電子書籍提供会社と利用者との関係　利用者PはX社と契約し電子書籍AとBを購入した。購入した書籍は複数の機器に保存して閲覧できる。PはまたY社とも契約し，タブレットにY社のソフトウェアを組み込んで閲覧している。書籍AはX社とY社両方から提供されている。

ア（「電子書籍リーダー」などと呼ばれる），または，パソコンやタブレットなどに専用ソフトウェアをインストールすることで閲覧可能となる。前述のとおり，通信ネットワークによって「中身」である電子書籍ファイルを取り寄せる（電子書籍リーダーのなかには携帯電話網を用いてファイルを取り寄せるものもある）。提供会社，ハードウェア，ソフトウェアおよび利用者の関係の一例を図4-1に示す。

なお，電子書籍の実際の動向および図書館での扱いについては第14章で述べる。

c. そのほかのパッケージ型電子資料

電子辞書は，複数の辞典類（国語辞典，英和/和英などの言語の辞典，百科事典など）を，ディスプレイとキーボードを備えた小さなハードウェアに収めて検索および閲覧をおこなえるようにしたものである。図書館においては館内使用に限った貸出をしている例がみられる。

設 問

(1) オンライン DB の提供機関が提供する DB の分野と利用料金を調べてまとめなさい。
(2) CD-ROM などに収められたパッケージ型電子資料に代わり，ネットワーク情報資源や電子書籍が"デジタルもの"の主役になった技術的・社会的背景について調べ，900 字程度にまとめなさい。

参考文献
1. 高鍬裕樹『デジタル情報資源の検索 増訂第 5 版』（KSP シリーズ 18）京都図書館情報学研究会，2014 年
2. 伊藤民雄『インターネットで文献探索 2013 年度版』（JLA 図書館実践シリーズ 7）日本図書館協会，2013 年
3. 日本図書館情報学会研究委員会編『情報アクセスの新たな展開』（シリーズ図書館情報学のフロンティア 9）勉誠出版，2009 年
4. 湯浅俊彦『電子出版学入門 改訂 3 版』出版メディアパル，2013 年

注）
1) パソコンなどのハードウェアから取り外して持ち歩く，あるいは保管することのできるこれらのような記録メディアのことを「リムーバブルメディア」（removable media）という。
2) 境祐司『電子書籍の作り方』技術評論社，2011 年，pp.14-19。
3) 以下の新聞記事に実情のレポートがある：「OS 更新 図書館泣かせ 開かずの電子資料」2013（平成 25）年 7 月 28 日付『東京新聞』朝刊第 1 面。
4) さらに本シリーズ第 4 巻『情報サービス論』第 9 章では，内容による類型化および具体例の列挙をおこなっている。
5) 原田智子［ほか］著『情報検索の基礎知識』（新訂 2 版），情報科学技術協会，2011 年，p.90。また，本シリーズ第 2 巻『図書館情報技術論』第 4 章にもデータベースの分類の解説がある。
6) データベースの流通の詳細については本シリーズ第 2 巻『図書館情報技術論』第 4 章を参照。
7) 参考文献 4，p.25。

5 地域資料，行政資料，灰色文献

　この章では，地域の公共図書館で扱うべきであり，その図書館が最終的な責任をもたなければならない地域資料について概説する。ここでいう地域資料とは，地域課題を解決し，図書館サービスを活性化するために欠かせない図書館資料のことである。

第1節　地域資料の意義

　地域資料が，地域課題を解決し，図書館サービスを活性化するために欠かせない資料であることは，次のような図書館の新しい運営基準などによって確認することができる。

・『図書館の設置及び運営上の望ましい基準』[1]（第二の一の3の（三））（表5-1）
・『これからの図書館像～地域を支える情報拠点をめざして～』[2]（第2章2.　の(3)）（表5-2）

<table>
<tr><td>表5-1　図書館の設置及び運営上の望ましい基準</td><td>表5-2　『これからの図書館像』</td></tr>
<tr><td>（三）　地域の課題に対応したサービス
　市町村立図書館は，利用者及び住民の生活や仕事に関する課題や地域の課題の解決に向けた活動を支援するため，利用者及び住民の要望並びに地域の実情を踏まえ，次に掲げる事項その他のサービスの実施に努めるものとする。
　ア　就職・転職，起業，職業能力開発，日常の仕事等に関する資料及び情報の整備・提供
　イ　子育て，教育，若者の自立支援，健康・医療，福祉，法律・司法手続等に関する資料及び情報の整備・提供
　ウ　地方公共団体の政策決定，行政事務の執行・改善及びこれらに関する理解に必要な資料及び情報の整備・提供</td><td>（3）　課題解決支援機能の充実
　これからの図書館には，住民の読書を支援するだけでなく，地域の課題解決に向けた取組に必要な資料や情報を提供し，住民が日常生活をおくる上での問題解決に必要な資料や情報を提供するなど，地域や住民の課題解決を支援する機能の充実が求められる。課題解決支援には，行政支援，学校教育支援，ビジネス（地場産業）支援，子育て支援等が考えられる。そのほか，医療・健康，福祉，法務等に関する情報や地域資料など，地域の実情に応じた情報提供サービスが必要である。（以下，略）</td></tr>
</table>

　また，研究者によって次のような主張もなされている[3]。

　「その地域で発生する情報については，その地域の公共図書館でしかできない仕事であり，その図書館が最終的な責任を持つという認識は，最近ずいぶん一般的になっている。今，地方分権の動きのなかで，図書館を再評価する一つのきっかけになるような仕事はこの地域資料サービスにあるのではないかと考える。」

第2節　地域資料，行政資料，灰色文献の定義

　地域資料，行政資料，灰色文献について，先行研究を参考に定義すると次のようになる。

a. 地域資料（local material, local collection）

地域資料とは，当該地域を総合的かつ相対的に把握するための資料群で，地域に関するすべての資料および地域で発生するすべての資料である。

地域資料には，歴史・行財政・文学そのほかのあらゆる主題を含み，資料の発行者は，出版社・行政機関・団体・個人など多様である。また，利用対象は，子どもから老人まであらゆる年代を含み，入門者をはじめ学生や研究者までと幅広い[4]。

b. 行政資料（administrative document）

行政資料とは，国の行政・司法・立法機関および政府関係機関，都道府県，市町村などの地方自治体が作成した資料，およびその類縁機関が作成した資料である[5]。

c. 灰色文献（gray literature）

灰色文献とは，公開されているが書誌情報が不明確で，入手方法が不明な資料である。通常の出版物の流通経路を通らず，配布が限定されたりしている資料で，書誌コントロールがなされていないことから，一般に入手はむずかしいとされる[6]。

第3節　地域資料の収集

地域資料は，あらゆる主題を含み，多様な発行者が発行するうえに，行政資料や灰色文献も収集対象とするため，幅広い知識と技術が必要である。ここでは，地域資料にはどのような種類があり，どのような方法で収集し，整理すればよいのかについて述べる。

a. 地域資料の種類

地域資料の種類は，下記のとおり大きく分けて記録資料と非記録資料があり，記録資料には印刷資料と非印刷資料がある。大半の図書館で収集しているのは印刷資料で，その内，図書・逐次刊行物・地図がコレクションの中心である。しかし，歴史のある図書館や大規模図書館のなかには，非印刷資料や非記録資料を取り扱っている図書館もある。

多様な地域資料を収集することによって，地域課題の解決や地域の活性化に役立つコレクションを形成し，地域に欠かせない「知の情報拠点」として機能することが望まれる。

【記録資料】
①印刷資料
・図書　・逐次刊行物　・地図　・クリッピング（新聞，雑誌記事など）
・小冊子類（パンフレット，リーフレット，ポスター，絵はがき，かるた，カタログ，楽譜，ビラ，チラシなど）
②非印刷資料
・手書き資料（文書，記録，写本など）　・映像資料（写真，スライド，フィルムなど）
・音声資料（レコード，録音テープなど）　・マイクロ資料　・点字資料　・電子資料
【非記録資料】
・発掘遺物　・民具，生活用品　・美術品，工芸品　・物産見本，標本　・模型

b. 地域資料の収集方法

　最近の図書館資料は，出版流通ルートを通して購入するためマークデータが付加されてくるものが多い。それに対し，地域資料は古書目録で古書を購入したり，行政資料や団体および個人の作成した資料やこれらの灰色文献にも目を配って収集したりする必要がある。

　なかでも行政資料が思うように集まらず，その収集に苦慮している図書館がみられる。そこで，表5-3に行政資料収集のチェックポイントを示しておこう。

c. 地域資料の分類

　収集した地域資料を利用するためには，書誌コントロール（書誌コントロールについては，本シリーズ第3巻第2章を参照）する必要がある。しかし，地域資料のように多様な種類と形態の資料を，一般図書と同じ体系で配列するのは困難で不合理な場合がある。そこで，資料の種類によって配

表5-3　行政資料収集のチェックポイント

①定期的に発行されている冊子（事務報告書，予算書，決算書，統計書，事業概要等）のチェック
②単発で発行される資料（調査報告書，審議会答申，検討委員会の報告書等）のチェック方法として，実施計画書や予算書の印刷製本費と委託料および庁内印刷受付簿や契約台帳のチェック
③各課が配布しているパンフレットやチラシの収集とチェック
④市の広報誌やホームページのチェック
⑤図書館からの協力依頼と収集資料のＰＲ
⑥過去に発行された資料の収集
⑦庁内刊行物登録・納本制度の導入
⑧議会の質問通告書や答弁書及び議事録のチェック
⑨庁議・教育委員会の議事日程や議事録のチェック
⑩議員や商工会等の市内関係機関および市民団体のホームページのチェック

置する場所や分類を変え，資料を管理しやすくするとともに利用しやすくするのである。同じ印刷資料でも図書・逐次刊行物・地図・クリッピング・小冊子類を別々の場所に配置し，異なった分類をするということである。

　たとえば，東京都小平市立図書館の場合は，古文書・写真・新聞記事（クリッピング）・広告・ポスターをそれぞれ個別分類し，図書・逐次刊行物・地図は三多摩地域資料研究会で作成した独自の分類表と地理区分を利用した，小平市地域資料分類表と地理区分表（本シリーズ第3巻資料17参照）を用いて分類している。

　小平市地域資料分類表は，主題をアルファベット1文字で区分し，細目を数字1文字で展開した2桁の主題分類表で，地理区分は別に付与している。これは，NDCのように主題区分と地理区分を組み合わせると分類の桁数が多くなることを避け，一般の利用者にもわかりやすい分類をしているということである。また，この分類表は，これらの資料群の7割以上を占めるのが行政資料であることから行政組織を意識した主題区分となっていて，特定の分類に資料が集中せず，分散するように配慮されている。

d. 地域資料の収集方針と整理マニュアル

　書誌コントロールに着手する前に整備しておくべきなのが，収集方針と整理マニュアルである。

　具体的には表5-4のようなものを整備する必要がある（詳しくは参考文献4を参照）。

5　地域資料，行政資料，灰色文献　*35*

表5-4　整備しておくべき収集方針および整理マニュアルなど

①地域資料収集方針
②地域資料登録規則
③地域資料整理マニュアル
④新聞記事登録規則
⑤郷土写真資料収集保存事業の手引
⑥ポスター処理マニュアル
⑦地域資料事務要領

・学校関係資料収集要領・新聞切り抜き要領・広告類整理の手引き・古文書整理マニュアル・郷土写真事務要領・郷土資料雑誌収集要領・ポスター・パンフレット収集要領

第4節　地域資料の情報発信

　最近の公立図書館では，書誌コントロールされた大半の資料がインターネットで蔵書検索でき，必要な資料は予約できるようになっている。また，都道府県立図書館の多くで，各都道府県内の市町村立図書館の蔵書が横断検索できるようになっているし，カーリル（http://calil.jp/, '16.9.12現在参照可）のようなインターネット検索サイトでの横断検索も可能である。このような仕組みによって資料の検索・予約・貸出は大変便利になっている。しかし，地域資料は収集されていても書誌登録されず，図書館にどのような資料が所蔵され利用できるのか明らかになっていない場合が見受けられる。

　収集した資料は，利用されてこそ意味があるので，Webサイトなどを活用してPRし，

表5-5　小平市立図書館における地域情報の発信

【地域資料】
①としょかんこどもきょうどしりょう
②郷土写真コーナー
　　定点写真　郷土写真展図録
③古文書コーナー
　　小平市古文書目録　小平市史料集　小平市古文書目録解題　小平市史料集解題　小平市立図書館の資料保存と古文書補修
④刊行物案内
　　古文書目録　史料集　その他
⑤地域資料分類表
⑥地域資料室マップ
⑦小平事始め年表
⑧多摩と新選組（地域資料展解説）
【調べ物】
⑨レファレンス
　　小平に関するレファレンス事例集
⑩新聞記事検索
【運営方針事業報告】
　　図書館サービス計画，図書館事業計画，図書館事業概要の各項目に地域資料サービスについてふれている。

■ 地域資料分類表

(注)リンクをクリックすると新しいウィンドウが開きます。

	0	1	2	3	4	5	6	7	8	9
A		図書館	書誌・目録	事典	論文・雑著	年鑑・雑誌	団体・機関	新聞	叢書・全集	
B	歴史総記	通史	史料集・古文書	原始時代・考古学	古代・中世	近世	近代	昭和史	戦後史	

写真5-1　小平市立図書館地域資料分類表

出典：小平市立図書館ホームページ「地域資料」（https://library.kodaira.ed.jp/local/bunrui.html）

情報発信する必要がある。そこで，次に小平市立図書館の事例をみてみよう（表5-5）。この館の地域資料関係の情報は，図書館メニューの地域資料・調べ物・運営方針事業報告に含まれている。なかでも最大の特色は地域資料分類表（写真5-1）で，この表のなかから調べたい項目をクリックすると，その分類の蔵書一覧が表示され予約できるようになっている。

第5節　地域の課題解決と地域資料

　公立図書館は，地方自治体の一機関として地域住民のための行政サービスの一端を担っている。このことにより，図書館サービスをどのように位置づけ，どのような事業をいつ実施するかといった行政計画は，設置自治体の行政計画（とりわけ長期総合計画と実施計画）によって規定される。したがって，図書館としては自治体の長期総合計画や実施計画に図書館事業をどのように位置づけるかによって，その図書館の10〜20年の長期的な方向性が確認できる。

　また，これらの行政計画を受けて図書館事業をどのようにおこなうかは，図書館サービス計画や事業計画によって示される。そして，地域資料サービスをどのようにおこなうかは，これらの行政計画や図書館計画に規定されることになる。地域資料担当として重要なのは，実務をこなすことは当然であるが，行政計画や図書館計画に盛り込むべき方針や事業について提案するための企画力を身につけることである。

　しかし，第1節でも述べたように，図書館は地域の課題解決に取り組むことが求められており，その地域課題を解く鍵は何よりも地域資料にある。具体的なテーマとしては次のようなものがあげられる。

> ①行政支援　市議会での一般質問
> ②生業支援　学校教育支援，ビジネス（地場産業）支援，子育て支援
> ③生活支援　医療・健康，福祉，法務などに関する情報

第6節　市民協働

　図書館サービスは，今や図書館員や司書だけでできるものではなくなってきている。まして，地域資料サービスは多様で際限がない。一人で荷物を背負い込むのを諦めて，職員や市民を巻き込んで楽しく仕事をすることが何より大事である。高いハードルを跳び越えるためには，多くの人の協力と共感を得ることが必要である。そして，最近脚光を浴びている「市民協働」を実践することによって，仕事の可能性は飛躍的に高まり，大きな広がりをもつことができるのである。そこで，次に小平市立図書館および市史編さん室で実践した事例を紹介する。これは一例にすぎないので，さまざまな先行事例をヒントにした，それぞれの地域の実情にあった事業展開が望ましい。

①　古文書整理を支えた老人パワー

小平市立図書館では，20冊の古文書目録と古文書の複写製本および30冊の史料集を作成しているが，これらの事業は古文書講座などで古文書解読力を身につけたお年寄りたちの参加・協力があってはじめて可能になったものである。

② 学校図書館デジタル化と学校図書館ボランティア

これは国の「社会教育活性化21世紀プラン」で実施した事業で，市内の小中学校27校の蔵書21万冊を1年間でデータ入力したものだが，延べ1514人のボランティア（主にお母さん方）の参加がなくては実現不可能な事業であった。

③ 地域資料デジタル化と情報ボランティア

これは市民が個人やグループで作成した歴史や文化に関するWebページを充実させるための支援活動や，映像や写真をスキャナで取り込み，玉川上水や市内名所案内などのデジタル情報を作成し蓄積する作業である。市民のデジタル技術者と研究者がコラボレーション（協働）を図り，図書館に成果を提供している。

④ 市史編さんと大学連携および市民協働

これは市史編さん室の事業であるが，市内の大学と市民が参加して新田開発当初の町並みの模型を作成したものである。市報や新聞報道などで話題を呼び，市長室での寄贈セレモニーや展示会の開催へと発展した事業である。

設　問

(1) 図書館サービス計画を作成している図書館を探し，地域資料サービスがどのように記されているか分析しなさい。
(2) 小平市立図書館のホームページの地域資料関係の内容を見て，このほかにどのようなものを作成し，情報発信したらよいか提案しなさい。
(3) あなたの身近な図書館では，どのような図書館ボランティアおよび市民参加を実施しているか調べ，900字程度で論じなさい。

参考文献
1. 根本彰『情報基盤としての図書館』勁草書房，2002年
2. 渡部幹雄『地域と図書館－図書館の未来のために－』慧文社，2006年
3. 三多摩郷土資料研究会編『地域資料入門』（図書館員選書14）日本図書館協会，1999年
4. 大串夏身編著『課題解決型サービスの創造と展開』（図書館の最前線3）青弓社，2008年
5. 平山惠三・蛭田廣一『現在を生きる地域資料』（多摩デポブックレット4）けやき出版，2010年

注)
1) 『図書館の設置及び運営上の望ましい基準』（平成24年文部科学省告示第172号）平成24年12月。
2) これからの図書館の在り方検討協力者会議『これからの図書館像～地域を支える情報拠点をめざして～（報告）』平成18年3月，p.13。
3) 根本彰『情報基盤としての図書館』勁草書房，2002年，p.54。
4) 三多摩郷土資料研究会編『地域資料入門』（図書館員選書14）日本図書館協会，1999年，p.18。
5) 日本図書館協会『図書館ハンドブック　第5版』，1990年，p.205。
6) 同上，p.227。

6 情報資源の生産（出版）と流通

　本章では，図書がどのようにつくられ，どのように流通するのかを解説する。図書の出版（publishing）は個人でもおこなうことはできるが，多くの図書が出版社（publisher）によって出版されている現状に合わせ，本章においては出版社による出版の過程を扱う。なお，電子書籍の出版については第14章で扱う。

第1節　出版と流通の過程を学ぶことの意義とそのおおまかな流れ

　図書館は「できあがった図書」を扱うところではある。しかし，目録に出版情報が含まれることや流通によって図書が図書館にもたらされることを考えれば，図書の出版と流通の過程を知ることは目録作成や図書館運営を円滑におこなうことの一助となりうる。
　また，図書は人間の知的活動や創造的活動の結果を記したものであり，その内容を読者にあますところなく伝えるために，図書制作（編集）作業の過程でさまざまな工夫が加えられている。その成果の上にたって，図書館利用者と情報資源を結びつけ，その内容をあますところなく伝える役割をもつ図書館司書にとって，その「工夫」がよりよい仕事へのヒントとなりうる。
　図6-1に，図書の出版までの作業手順と，出版後の流通の概要を示す。以後本章では，この図の左から右への流れに沿って各段階の解説をおこなう。

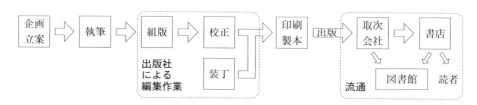

図6-1　図書の出版までの手順と流通

第2節　出版の企画・立案

　一口に「図書をつくる」といっても，それには「制作」と「製作」の2つの過程がある。「制作」とは，自分の思うようにつくることで，芸術作品やテレビ番組などをつくるときに用いる。出版社がおこなうのは「制作」である。一方，「製作」は，実用的なモノをつくることをいい，図書では，実際に印刷し製本する過程は「製作」となる。
　さて，誰かが「図書を出版したい」という意思をもつことが図書制作の第一歩である。最初の段階は図書の内容を決めること，すなわち企画・立案である。誰が意思をもつかによって以下の

a. と b. の 2 つに大別できる。

a. 出版社による企画・立案

出版社（発行者，発行所，版元ともいう）が企画し，ふさわしい執筆者に執筆を依頼する。「売れるテーマ」での出版をするために，出版社の企画担当者には，世の中をよく知り人々が何を知りたいのかを敏感に察知する能力が必要となる。また，出版社のなかには得意分野をもち，その分野の出版物を網羅的に出版しようと積極的に出版の企画をおこなうところがある。

出版社はまた，「シリーズもの」の企画もおこなう。大きなテーマをいくつかのサブテーマに分けサブテーマに 1 冊ずつ（1 巻ずつ）を割り当てるという形態や，複数著者の大規模な合集（後述）を制作する際に，一著者に 1 冊ずつを割り当てるという形態でシリーズものを企画する。出版社名を冠した文庫や新書のように「終わりの決まっていないブランド的シリーズ」もある。

なお，多くの出版社では企画会議を経て出版が決定される。

b. 執筆者による企画・立案

執筆したい人が企画を出版社にもち込む，あるいは執筆済み原稿を出版社に出版依頼する（いわゆる「もち込み原稿」）。出版社はこれを出版するか否か，企画会議などにより判断する。

c. そのほかの出版

以上は「新しい内容の図書」の出版であるが，そのほかに次のような出版企画もおこなわれる。

① 雑誌連載の小説などを単行本にして出版…文芸雑誌やコミック雑誌によくみられる。

② 文芸書の「文庫本」化，既刊図書のデザインなどを変更しての再出版…文芸書が出版されてしばらく経つと，文庫本として出版されることがある。文庫本には「廉価で多くの人に読んでもらいたい」という目的がある。また，すでに出版した図書のデザインや装丁（後述）が変更され，たとえば「豪華版」として再出版されることがある。

③ 合集（collection）…すでに発表されている著作（の一部）をまとめて 1 つの図書として出版する方法。一例として，複数の著者の短編を集めて「短編集」として発行するというものがある。単一著者の複数の著作をまとめたものもある。

| 第3節 | 図書の制作にかかわる者 |

企画・立案の際には制作にかかわる者を決定するが，それには著者（執筆者）（author, writer）や訳者（翻訳者）（translator），さし絵画家（illustrator）など，図書の内容の創造に直接かかわる者が含まれるほか，以下のような役割がある。

a. 編者（editor, compiler）

「へんじゃ」または「へんしゃ」と読む。以下の 2 つの意味がある。

① 1 つの図書を複数の著者で分担執筆する場合（いわゆる「共著」），それをまとめる役割を担う者。著者の間での言葉づかいのちがいや内容の齟齬の修正などをおこなう。英語では editor という。なお，分担執筆者の 1 名が編者を兼ねる場合は，その者を編著者という。

② 合集の制作をおこなう者。編纂者（へんさんしゃ）ともいう。誰のどの作品を収めるか，順序はどうするか，などを決める。①とは異なり，内容の変更には踏み込まない。英語では compiler という。

b. 監修者・監訳者（editorial supervisor, translation supervisor）

監修者とは著者を指揮，監督する者をいう。著者の原稿をチェックしたり，著者に助言を与えたりする。シリーズものについては，全体を監修する「シリーズ監修者」をおく場合もある。監訳者とは翻訳書の訳者を指揮，監督する者をいう。

c. 編集担当者（editorial staff）

出版社に属する者が，その図書の出版に関する実務的な任を負うために，編集担当者として著者などを補助する。図書の奥付には，著者や訳者などの責任表示（本シリーズ第3巻『情報資源組織論』を参照）や出版社（発行所）およびその代表者（出版社の社長など）は表示するが，編集担当者は表示しないことが一般的である。

第4節　図書の制作および製作の過程

a. 原稿執筆（writing）

実際の執筆に入る前には，内容に関する資料の収集が必要である。学術書の場合はいうに及ばず，文学作品においてもとくに歴史小説やノンフィクションなどは，資料収集や取材に多くの時間をかけるという。この作業を編集担当者が"アシスタント"のように補助することもある。

原稿執筆にあたっては，出版社から，あるいは監修者や編者から執筆要領（または執筆ガイドライン）が示される場合がある。図6-2にその一例を示す。とくに複数著者による図書やシリーズの場

```
　　　　　ベーシック司書講座 執筆要領
執筆者各位
以下の要領にてご執筆をお願い致します。
原稿　ワープロ A4用紙 縦置き 横書き 43字×35字
見出し　「第○章」　「第○節」　a.b.c.....
　　　例）第3章　図書館メディアの組織化
　　　　　第1節　分類の意義と機能
　　　　　　a. 日本十進分類法
年号　本文中では西暦を使用し，必ず（ ）で和暦を添える。
　　　例）2003（平成15）年　　1625（寛永2）年
外国人名・団体名・地名
　個人名の場合は名と姓の間を・（中点）で区切り，
　（ ）に原綴り，生没年を入れる。
　　　　例）グーテンベルク（Johannes Gutenberg, 1397-1468）
　　　　例）マーク・アンドリーセン（Marc Andreessen, 1971-）
　団体名（固有名）の場合は単語間を・で区切る。
　通常の用語は単語間を・で区切らない。
　　　　例）ネブラスカ・レファレンス・ライブラリ
　　　　例）レファレンスサービス
```

図6-2　執筆要領の一例　一部のみ，実際には図の入れ方など細かな指示が続く

合，著者がこれに従って執筆することで，このあとの制作作業を円滑におこなうことができる。学術書の場合は図表を含むことが多いが，これも著者が作成する。

以上のような過程を経て，執筆を終了することを脱稿（だっこう）という。しかしこのまま図書になるわけではなく，編集担当者を含む出版社のスタッフ，監修者や編者により，叙述の妥当性，事実認識の誤謬（ごびゅう），表現の適・不適，差別用語の有無，用語・言葉づかいの一貫性，誤字脱字などのチェッ

クを受け，修正がおこなわれる。こうして最終原稿ができあがる。

b. 出版社への入稿と版下の作成

最終原稿は，出版社に渡される（これを入稿という）。出版社は原稿にもとづき組版（typesetting）をおこない，版下（block copy）を作成する。組版とは，原稿を図書の紙面に整える作業をいい，それによってできあがる版下とはすなわち印刷の原稿である。その過程では，レイアウト（図表やコラム，ページ番号などの位置）やデザイン（文字の字体や大きさなど）の調整がおこなわれる。また，標題紙や目次，奥付，索引など，入稿原稿以外のページの版下作成もおこなわれる。

昔は活字を拾って組むことで版下を作成していたが，近年では組版作業の多くがコンピュータのDTP（desk top publishing）ソフトウェアを用いておこなわれる「コンピュータ組版」である。『出版年鑑』[1]によると，1990（平成2）年の新刊書出版数は約4万点だったが，それが2015（平成27）年には約8万点と飛躍的に伸びている。ちょうどこの間にDTPによる組版が普及した。DTPによる組版が活字による組版作業より短時間でおこなえることがわかる。なお，コンピュータ組版などをおこなうための比較的大規模なコンピュータシステムをCTS（computerized typesetting system）ということもある。

著者が提出した原稿をそのまま版下にするという方法もある。この場合の版下原稿を「カメラレディ」（camera-ready）という[2]。出版社などから著者に対し，原稿作成時に守るべきこと，つまり，ページのサイズや文字の大きさ，ページの余白の大きさなどが事前に提示される。

c. 校正（proofreading）

版下作成後はすぐに図書制作のための印刷をおこなうのではなく，"仮刷り"をして著者や編者による内容の修正をおこなう。この作業を校正といい，第1回目の校正を初校という。また，その際に著者や編者に渡される仮刷り（校正刷またはゲラ刷り，galley proof）も初校という。

校正刷は製本されていない。著者や編者は「図書になった際の見た目や見栄え」を初校で初めて目にする。並行して，編集担当者も初校に目を通し，誤字脱字などのチェックをおこなう。組版の段階で誤字脱字が発生することもあるためである。

初校による修正を施した版下を再び"仮刷り"して著者および編者，編集担当者による最終チェックをおこなう。この作業およびこの際の校正刷を再校（または二校）という。なお，出版社の方針により，続けて三校や念校を行うこともある。

d. 印刷と製本（printing and bookbinding）

校正が終わった版下は，印刷会社または製本所にて印刷され製本される。ここで，表紙や背，カバー，帯，箱（函）などの外装が必要になるが，これらのデザインを装丁（「装幀」とも書く，book binding design）という。多くの場合，出版社で装丁を決めるか，または，装丁の専門家（装丁家，book designer）に依頼する。シリーズものでは装丁を統一することが一般的である。

印刷と製本の過程で乱丁（ページの順番が入れ替わっていること）や落丁（ページが抜けていること），ページ折れなどを含んだ失敗作ができることがある。印刷・製本技術の向上により，近年はこのような失敗作をみることが少なくなった。

第5節　出版と流通

　印刷・製本により完成した図書は，取次会社（出版業界における問屋，publication distributor, publication wholesaler）を通して，奥付に記された発行日までに書店（bookstore）に並べられる。

　図書館は，取次会社から図書を購入する場合も，書店から購入する場合もある。また，「図書館流通センター」（TRC）のような，図書館活動を支援する企業から購入する方法もある。

　出荷される図書には，発注スリップがはさみこまれている（写真6-1）。書店で図書を販売する際，これを書店に残すことにより販売記録となる。また，取次会社への注文をおこなうための「注文カード」の役割もあり，販売した分を補充するための追加注文をおこなう際に，これをそのまま取次会社に送ることでタイトルなどを書く手間がはぶけ，また，伝達のまちがいを防ぐことができる。図書館での発注スリップの利用については，第12章でふれる。

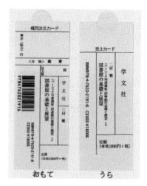

写真6-1　発注スリップ

　シリーズものは，全巻が一斉に出版されない場合がある。とくにそれぞれの巻で執筆者が異なる場合は，早く脱稿した巻から順次出版するという例が多くみられる。場合によっては，刊行の途中で出版社が倒産などの理由により消滅することがあり，残りの巻の出版をほかの出版社が引き継ぐこともある。

　日本では，新刊書の販売の多くは「再販売価格維持制度」（再販制度）と「委託販売制度」にもとづいておこなわれている。再販制度とは，出版社が決めた価格で図書が販売される制度である。全国一律の価格により，図書流通の偏りをなくし，図書による文化水準の維持がおこなわれているとされ，独占禁止法（私的独占の禁止及び公正取引の確保に関する法律，昭和22年4月14日法律第54号）により認められている。委託販売制度とは，書店で売れ残った，あるいは，書店がもう売れないだろうと判断した図書を，取次会社に返品できる制度である。本来，図書は出版社が販売するものであるが，それを書店に委託しているという意味で委託販売制度と呼ばれる。

第6節　出版のあとにおこなうこと

　出版のあとに著者や出版社がおこなうことのうち，主なものを以下に示す。

a.　増刷（additional printing）

　出版した図書の売れ行きがよく売り切れになりそうな場合は，出版社はさらに印刷・製本を印刷会社に依頼し，出荷する。これを増刷（または重版）という[3]。奥付には，最初の印刷・製本分には「第1刷」[4]，次の印刷・製本分（すなわち増刷分）には「第2刷」… などと表示される。増刷の際には，誤字脱字の訂正など版下に対する軽微な変更がおこなわれることがある。

b. 版次（edition）の更新（改訂版，第 2 版など）

　出版後しばらくして，図書の内容が社会の実情と合わなくなったり，技術の進歩によって技術書の内容が相対的に古くなったりした場合などは，内容を書きかえて，同じタイトルで改めて出版する。この場合，「改訂版」（revised edition），「第 2 版」（second edition）などと，版を改めたことを示す語句（版次）を標題紙や表紙，背などに表示する。

　第 2 版の内容を改めれば「第 3 版」となる。また，改訂版や第 2 版などに対して最初に出版した版は「第 1 版」または「初版」（first edition）と呼ばれる。

c. 絶版（out of print）と復刻版（reprinted edition）

　出版した図書が，社会におけるその役割を終えたと出版社や著者が判断した場合（言葉をかえれば，増刷をしてももう売れないだろうと判断した場合），在庫がすべて売れればその図書は絶版となる。また，図書の内容に社会的観点からみて問題があったり，出版社が倒産などによって消滅したりしてしまった場合にも絶版とする（絶版となる）ことがある。活字を組んで版下をつくっていた時代においては，今後印刷をおこなわない図書については版下によってつくった印刷原版を廃棄した。これが絶版という言葉の由来である。

　一度絶版となった図書を再び出版したものを復刻版という。版下がない場合が多く，残っている当該図書を参考にもういちど組版をおこなう場合と，当該図書のページを写真撮影（スキャン）してそのまま複製する場合がある。

設　問

(1)　日本の大手取次会社と大手出版社の概要を調べなさい。また，TRC の業務内容を調べなさい。合わせて 900 字程度でまとめなさい。

(2)　図書の再販売価格維持制度と委託販売制度の長所と短所，および諸外国でのこれら制度の採用状況を調査し，900 字程度でまとめなさい。

参考文献

1.　岡部一郎著『出版業務ハンドブック』出版企画研究所，2006 年

2.　川井良介編『出版メディア入門 第 2 版』日本評論社，2012 年

注）

1)　出版年鑑編集部編『出版年鑑 平成 28 年度 資料・名簿編』出版ニュース社，2016 年，p.30。この資料には出版に関する統計データのみならず，年表や年間ニュース，出版概況（読み物）などが含まれている。

2)　カメラレディは，脱稿から出版までを短い時間でおこなう必要があり，かつ，デザインやレイアウトなどが簡単である学術雑誌や学会予稿集などで使われることのある方法である。

3)　日本においては，このように「版」と「刷」が明確に使い分けられていない場合がある。第 1 刷のことを「初版」といったりする。たとえば，「初版 1 万部完売」など。英語圏では「版」を意味する edition と「刷」を意味する printing が明確に使い分けられている。

4)　「だいいちすり」あるいは「だいいちずり」と読まれる場合が多い。「刷」を「すり」と読むことについては，「第 1 刷」を省略して「いちすり（いちずり）」と読むことがあるが，これを「いっさつ」と読むと，図書館でよく使われる「冊」と混同が起きるからだといわれている。

7 図書館業務と情報資源に関する知識

　図書館には，利用者からさまざまな図書に関する要求が寄せられる。人々に現在どのような図書が知られているのか，また，どのような著者が有名なのかを把握しておくことは，図書館員が利用者の要求に的確に応えるために必要である。この章では図書館員として知っておきたい著者についての知識と，それに関する情報を得るための情報源について述べる。

第1節　図書館員として著者を知っておく意義

　図書館の基本的なサービスの1つとして資料提供サービスがあり，図書館には資料に関するさまざまな問い合わせが寄せられる。このような問い合わせに対応するためには，まず図書館員自身が問われた資料についての知識をもっておく必要がある。たとえば，「Aという人が書いたBという本はあるか」と利用者から問われた場合，Aという著者名やBという本のタイトルを，質問を受けた図書館員が知っていれば，的確な回答を導くことができる。

　現代では，日々膨大な量の出版物が刊行されており，すべての著者名や書名を把握するのは不可能とも考えられる。しかし，そうではあっても，わが国を代表するような著者にはどのような

表7-1　2014年　年間ベストセラー　単行本－文芸
（2013年12月～2014年11月）

順位	書　名	著　者
1	村上海賊の娘（上・下）	和田竜
2	銀翼のイカロス	池井戸潤
3	女のいない男たち	村上春樹
4	虚ろな十字架	東野圭吾
5	ロスジェネの逆襲	池井戸潤
6	終物語（上・中・下） 続・終物語	西尾維新
7	海賊とよばれた男（上・下）	百田尚樹
8	インフェルノ（上・下）	ダン・ブラウン／越前敏弥訳
9	約束の海	山崎豊子
10	ペテロの葬列	宮部みゆき

出典：トーハン調べ「2014年　年間ベストセラー」2014年12月1日，http://www.tohan.jp/bestsellers/upload_pdf_past/141201bestseller_2014y.pdf（'16.9.12現在参照可）

表7-2　2015年　年間ベストセラー　単行本－文芸
（2014年11月下旬～2015年11月下旬）

順位	書　名	著　者
1	火花	又吉直樹
2	鹿の王（上・下）	上橋菜穂子
3	サラバ！（上・下）	西加奈子
4	ラプラスの魔女	東野圭吾
5	下町ロケット(2) ガウディ計画	池井戸潤
6	君の膵臓をたべたい	住野よる
7	流	東山彰良
8	スクラップ・アンド・ビルド	羽田圭介
9	満願	米澤穂信
10	教団X	中村文則

出典：トーハン調べ「2015年　年間ベストセラー」2015年12月1日，http://www.tohan.jp/bestsellers/upload_pdf_past/151201bestseller_2015y.pdf（'16.9.12現在参照可）

7　図書館業務と情報資源に関する知識　*45*

人がいてその代表作は何か，現在世間で知名度の高い著者は誰であってその代表作は何か，最近はどのような本に人気があるのかなどについて，広く情報収集をおこなうことは大切である。また，そのための情報源を把握しておくことは，利用者に的確な回答を提供するときに限らず，選書や読書案内といったさまざまな図書館業務をおこなう際の大きな支えとなるだろう。

　ただし，「現在世間で知名度の高い著者は誰か」という問いに対する答えは，時代によって随時変化する。一例として，取次会社のトーハンによる 2014 年と 2015 年の「年間ベストセラー単行本－文芸」（表 7-1，表 7-2）をみてみよう。

　2 つの表を見比べると，2014 年は上位に池井戸潤や村上春樹がみられるが，2015 年はそれらに代わって文学賞受賞作が多くランクインしている。皆が読みたいと思う作品は，毎年のように変化するので，つねにアンテナを張っておく必要があることがわかるだろう。しかし，"現在"知名度の高い著者名を具体的にあげることで済ますのではなく，それを知るための情報源について知ることで，時代の変化に対応した情報収集ができることが理解できよう。

第 2 節　著者について知るための情報源：各種文学賞

　著者について知るための情報源として，まず各種文学賞があげられる。文学賞とは「優れた文学作品に与える賞」であり，芥川賞，直木賞，海外ではノーベル賞やピュリッツァー賞の文学部門などがある（『大辞泉』）。また，文学賞と一口にいっても，小説を対象としているもの，小説以外を対象としているものがあり，小説を対象としている文学賞のなかでも新人を対象としてい

表 7-3　芥川賞の近年の主な受賞者と受賞作

受賞者	受賞年		受賞作
黒田夏子	2012	下半期	ab さんご
藤野可織	2013	上半期	爪と目
小山田浩子		下半期	穴
柴崎友香	2014	上半期	春の庭
小野正嗣		下半期	九年前の祈り
羽田圭介	2015	上半期	スクラップ・アンド・ビルド
又吉直樹			火花
滝口悠生		下半期	死んでいない者
本谷有希子			異類婚姻譚
村田沙耶香	2016	上半期	コンビニ人間

出典：文藝春秋「芥川賞受賞者一覧」より。
http://www.bunshun.co.jp/shinkoukai/award/akutagawa/list.html
（'16.9.12 現在参照可）

表 7-4　直木賞の近年の主な受賞者と受賞作

受賞者	受賞年		受賞作
三浦しをん	2006	上半期	まほろ駅前多田便利軒
天童荒太	2008	下半期	悼む人
池井戸潤	2011	上半期	下町ロケット
辻村深月	2012	上半期	鍵のない夢を見る
朝井リョウ		下半期	何者
桜木紫乃	2013	上半期	ホテルローヤル
姫野カオルコ		下半期	昭和の犬
黒川博行	2014	上半期	破門
西加奈子		下半期	サラバ！
東山彰良	2015	上半期	流
青山文平		下半期	つまをめとらば
荻原浩	2016	上半期	海の見える理髪店

出典：文藝春秋「直木賞受賞者一覧」より。http://www.bunshun.co.jp/shinkoukai/award/naoki/list.html
（'16.9.12 現在参照可）

るもの，新人以外を対象としているものなど，その対象は多岐にわたっている。さらに，受賞者の選考についても，著名人が選考委員となって選ばれるものや，書店員やインターネット上での一般の読者からの投票によって選ばれるものもある[1]。

知名度の高い文学賞の受賞作や受賞者は，新聞やテレビ番組に取り上げられたり，書店においてポップなどで宣伝されたりして人々の関心をひくことが予想される。ここでは，図書館員として知っておくことが望まれる代表的な文学賞を紹介する（文学賞については各文学賞の公式ウェブサイト，および参考文献2を参照）。

a. 国内の文学賞：作家の名を冠したもの

① 芥川龍之介賞（芥川賞）

芥川龍之介（1892-1927）の名を記念し，菊池寛（1888-1941）が1935（昭和10）年に創設した。無名もしくは新進作家の登竜門として，最も権威ある賞である。

同人雑誌を含む新聞や雑誌に発表された純文学短編作品が選考の対象となる，非公募の文学賞である。1月と7月の年2回，選考と受賞の発表があり，受賞作品は『文藝春秋』3月号・9月号誌上に掲載される[1]。近年の主な受賞者および受賞作品を表7-3に掲げる。

② 直木三十五賞（直木賞）

直木三十五（さんじゅうご）（1891-1934）の名を記念して，菊池寛が芥川賞創設と同時に1935年に制定した。無名もしくは新進作家の大衆文芸作品のうち，最も優秀なものに贈られる。

同人雑誌を含む各新聞や雑誌あるいは単行本として発表された短編および長編の大衆文芸作品が対象となる，非公募の文学賞である。1月と7月の年2回，選考と受賞の発表があり，受賞作品は『オール讀物』3月号・9月号誌上に掲載される[2]。近年の主な受賞者および受賞作品を表7-4に掲げる。

③ 谷崎潤一郎賞（谷崎賞）

中央公論社（現中央公論新社）が1965（昭和40）年に創業80年を記念して創設した。ジャンルを問わず，小説および戯曲のうちその年度を代表する文学作品を選んで表彰する。前年7月1日から当年6月末までに発表された作品が対象となる。

年1回選考と発表があり，受賞作品は『中央公論』11月号誌上に掲載される[3]。近年の主な受賞者および受賞作品を表7-5に掲げる。

表7-5 谷崎賞の近年の主な受賞者と受賞作品

受賞者	受賞年	受賞作
稲葉真弓	2011	半島へ
高橋源一郎	2012	さよならクリストファー・ロビン
川上未映子	2013	愛の夢とか
奥泉光	2014	東京自叙伝
江國香織	2015	ヤモリ、カエル、シジミチョウ
絲山秋子	2016	薄情
長嶋有	2016	三の隣は五号室

出典：中央公論新社「各賞紹介」より作成。http://www.chuko.co.jp/aword/tanizaki/（'16.9.12 現在参照可）

表7-6 江戸川乱歩賞の近年の主な受賞者と受賞作

受賞者	受賞年	受賞作
高野史緒	2012	カラマーゾフの兄妹
竹吉優輔	2013	襲名犯
下村敦史	2014	闇に香る嘘
呉勝浩	2015	道徳の時間
佐藤究	2016	QJKJQ

出典：日本推理作家協会「『江戸川乱歩賞作品』の検索結果」より作成。http://www.mystery.or.jp/search/prize?prize=2（'16.9.12 現在参照可）

④ 江戸川乱歩賞

江戸川乱歩（1894-1965）が自らの還暦記念として基金を提供し，1954（昭和 29）年に創設した文学賞である。運営は日本推理作家協会がおこなっている。当初は推理小説界の功労者の表彰が主であったが，第 3 回以降からは新進推理作家の発掘と育成を目的とし，一般から未発表原稿を募集する形式になった。受賞作品は講談社から刊行される。

選考と発表は年 1 回おこなわれ，受賞作品は『小説現代』7 月号誌上にて発表される[4]。近年の主な受賞者および受賞作品を表 7-6 に掲げる。

作家の名を冠した文学賞にはほかに，泉鏡花文学賞，三島由紀夫賞，菊池寛賞などがある。

b．そのほかの国内の文学賞

作家の名を冠した文学賞のほかにも，さまざまなジャンルにおいて多彩な賞が数多く存在する。ここでは，話題性が高い賞をいくつか紹介する。

① 本屋大賞

「出版界を現場から盛り上げていけないか」という考えから発案され，「売り場からベストセラーをつくる！」を趣旨として 2004（平成 16）年に設立された[5]。NPO 法人本屋大賞実行委員会が運営している。過去 1 年の間，全国の（オンライン書店含む）新刊書店員が自分で読んで「おもしろかった」「お客様にも薦めたい」「自分の店で売りたい」と思った本を選び投票する。対象となるものは指定年度に刊行された日本の小説である。授賞発表は年 1 回であり，受賞作品は本の雑誌社の『本の雑誌』（月刊，1976 年創刊），増刊『本屋大賞』（『本の雑誌』の増刊号）などで発表される。また，受賞作品は全国の書店で大々的に宣伝されることも多い。近年の大賞受賞作品と著者を表 7-7 に掲げる。

② 『このミステリーがすごい！』大賞

ミステリーおよびエンターテイメント作家の発掘，育成を目的として 2002（平成 14）年に創設された。運営は宝島社である。1 次選考通過作品は作品の概要や導入部，選考委

表 7-7　本屋大賞の近年の主な大賞受賞作品と著者

受賞者	受賞年	受賞作
湊かなえ	2009	告白
冲方丁	2010	天地明察
東川篤哉	2011	謎解きはディナーのあとで
三浦しをん	2012	舟を編む
百田尚樹	2013	海賊とよばれた男
和田竜	2014	村上海賊の娘
上橋菜穂子	2015	鹿の王
宮下奈都	2016	羊と鋼の森

出典：本屋大賞実行委員会「本屋大賞」http://www.hontai.or.jp/（'16.9.12 現在参照可）および「これまでの本屋大賞」http://www.hontai.or.jp/history/index.html（'16.9.12 現在参照可）より作成。

表 7-8　『このミステリーがすごい！』大賞の近年の主な受賞作品と著者

受賞者	受賞年	受賞作
山下貴光	2008	屋上ミサイル
東川篤哉	2009	さよならドビュッシー
法坂一広	2011	弁護士探偵物語　天使の分け前
安生正	2012	生存者ゼロ
梶永正史	2013	『警視庁捜査二課・郷間彩香特命指揮官』
八木圭一		一千兆円の身代金
降田天	2014	女王はかえらない
一色さゆり	2015	神の値段

出典：宝島社「過去の受賞作と講評」より作成。http://konomys.jp/archives（'16.9.12 現在参照可）

員の評などがインターネット上で公開される。また，一般読者によるインターネット上での投票を受けつけ，「Web 読者賞」も設けている。対象となるものは，エンターテイメントを第一義の目的とした広義のミステリーである[6]。近年の受賞作品と著者を表 7-8 に掲げる。

ほかにも，推理小説やミステリー小説を対象とした日本推理作家協会賞，ライトノベルを対象とした『このライトノベルがすごい！』大賞，SF 小説を対象とした日本 SF 大賞などがある。

c. 海外の文学賞

世界には，さまざまな文学賞が存在する。海外の文学賞で最も有名な文学賞といえるノーベル文学賞は，アルフレッド・ノーベル（Alfred Nobel, 1833-1896）の遺言に従って創設されたノーベル賞 6 部門の 1 つである。文学の分野で理想的な方向へ最も傑出した作品を創作した人に与えることを目的として制定された。日本人では 1968（昭和 43）年に川端康成，1994（平成 6）年に大江健三郎が受賞している。

| 第3節 | 著者について知るための情報源：メディアからの情報 |

前節では，著者について知るための情報源として文学賞について説明したが，文学賞を受賞していなくても，知名度が高く人々に読まれている本も存在する。本節では，このための情報源として，メディアからの情報について説明する。

a. テレビ番組および新聞の書評欄・読書欄からの情報

テレビ番組などで，書店の売り上げランキングや注目の本などを紹介するコーナーが設けられている番組も散見される。とくに有名なのは，TBS 系列で毎週土曜日に放送されている情報番組「王様のブランチ」だろう（2016 年 8 月現在）。この番組では，本の売り上げランキングや注目の本をリポートするコーナーが組まれている。ここで紹介された本は書店のポップに書かれることも多く，人々に注目されやすい。

また，新聞には，日曜版などに書評欄や読書欄が組まれているものも数多く存在する。書評欄や読書欄は掲載されている本そのものだけでなく，その本の著者の情報源としても有用である。

テレビ番組からの情報や新聞の書評欄・読書欄は休日に放送・発行されるため，多くの人々の目にとまりやすく，図書館に対する予約・リクエストや所蔵問い合わせにもつながりやすいと考えられる。図書館員はできるだけ把握しておきたい。

b. メディアミックス

メディアミックスとは，「広告の効果をより高めるために，出版・放送など複数のメディアを組み合わせて商品・サービスの広告活動を行うこと」（『大辞林』）であり，近年は広告だけでなく文芸作品にも使用される言葉である。たとえば，小説の漫画化，映画化，テレビドラマ化，あるいは，その逆もいう。とくに，映画やテレビドラマなどを小説化することをノベライズという。

メディアミックスは，近年ますます顕著になっている。とくに有名なのは角川グループホールディングスによるものであり，1976（昭和 51）年の『犬神家の一族』は「メディアミックスの先

7　図書館業務と情報資源に関する知識　*49*

駆け」[7]とされている。角川グループホールディングスを中心としたメディアミックスの例として，鈴木光司原作の『リング』，筒井康隆原作の『時をかける少女』などがあげられる。『リング』は小説の原作から映画化され，『時をかける少女』は小説の原作から複数のテレビドラマ化と映画化，漫画化がおこなわれている。また，角川スニーカー文庫から刊行された「涼宮ハルヒ」シリーズは，ライトノベルから映画化されたメディアミックスの代表作ともいえるだろう。ライトノベルはヤングアダルト資料として位置づけられるため，このようなライトノベルからのメディアミックス作品も注目しておきたい。

　そのほかにも，東野圭吾や宮部みゆき，百田尚樹など，人気作家を中心とした作品のメディアミックス化が数多くなされている。メディアミックスが頻繁におこなわれることによって，テレビドラマ化や映画化された作品から，原作に興味をもつという人も増えている。そのため，原作がある場合は，それらを把握しておく必要がある。

　図書館には，日々多くの利用者からの要求が寄せられる。利用者の読書に対する興味を引きあげるサポートをするために，図書館員は資料に対する知識を十分にもつことが必要である。広くアンテナを張って，現在どのような図書や作品に注目が集まっているかを常に把握し，利用者の要求に的確に応えられる図書館員になってほしい。

設問

(1)　参考文献をみて，本章で取り上げた文学賞以外の賞を，異なるジャンルで3つあげ，その概要と近年の受賞作・受賞者について調べなさい。
(2)　現在放送されているテレビドラマまたは上映されている映画を1つ以上あげ，その原作の作品・著者について900字程度で論じなさい。

参考文献
1.　日本文藝家協会編『文藝年鑑2016』新潮社，2016年
2.　日外アソシエーツ編『最新文学賞事典2009-2013』日外アソシエーツ，2014年
3.　日外アソシエーツ編『日本の作家－伝記と作品』（新訂版）日外アソシエーツ，2002年
4.　国立国会図書館国際子ども図書館「児童文学賞一覧」http://www.kodomo.go.jp/info/award/index.html（'16.9.12現在参照可）
5.　トーハン「文学賞」http://www1.e-hon.ne.jp/content/sp_0030.html（'16.9.12現在参照可）

注)
1)　参考文献2，p.89。
2)　前掲，p.134。
3)　前掲，p.128。
4)　前掲，p.94。なお，日本推理作家協会は，ほかに「日本推理作家協会賞」を設け，その年のもっともすぐれたミステリーに授与している。
5)　前掲，p.149，および，NPO法人本屋大賞実行委員会「本屋大賞とは」http://www.hontai.or.jp/about/（'16.9.12現在参照可）。
6)　前掲，p.107。
7)　角川グループホールディングス「角川グループホールディングスKADOKAWA通信2011春号」（第57期第3四半期報告書）Vol.25，2011年，http://ir.kadokawa.co.jp/ir/houkoku/573/01.php（'14.12.2現在参照可）。

8 コレクション形成の理論

本シリーズ第1巻『図書館の基礎と展望』でも指摘しているように，いずれの図書館であれ，規定の予算で必要とする図書館情報資源をすべて調達できる機関は皆無である。そこで合理的な図書選択がもとめられる。この章では，近代の図書館活動と運動が始まった19世紀以降の主としてアメリカで醸成されたコレクション形成の理論を追う。

第1節　コレクション形成における資源

まず，コレクション（collection）という言葉だが，日本語では「蔵書」と訳すのが一般的である。しかしながら，「コレクション」と「蔵書」は必ずしもイコールではない（図8-1）。まず，「蔵書」は字義に従えば図書館が所蔵する図書資料のことである。図書館には非図書資料も収蔵されるので，

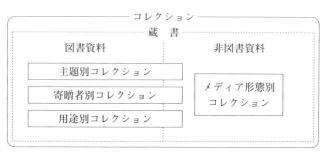

図8-1　コレクションと蔵書の用語上の関係

収蔵物全体をいうときは「コレクション」を用いることにこだわる人もいる。ただ，非図書資料も言外に含みながら図書館の収蔵物全体を「蔵書」という場合もある。

コレクションは，収蔵物全体をさすほか，もう少し狭い範囲で用いることも多い。主題を限定した資料群の意味で「〇〇コレクション」といったり，「△△氏が寄贈した一群の図書」の意味で「△△文庫」といったりする。また，「コレクション」は，「視聴覚コレクション」のように，図書だけではなく，さまざまな形態のメディアに対して用いることもある。本章では，とくにこのような区別をしないときは，蔵書とコレクションを同じ意味で用いることにする。

第2節　コレクション形成理論の史的展開

コレクションは，図書選択を，時間をかけて積み上げた結果，すなわち，図書選択の帰着点とみることができる。図書選択の理論としてよく説明されるのが，価値論（value theory）と要求論（demand theory）の二項的対立である。本シリーズでは，このような理論的対立を図書館の教育機能と情報提供機能のせめぎあいととらえる[1]。そして，このせめぎあいは振り子のごとく30～50年周期で未来永劫繰り返される。当然，識者の拠って立つ基盤や時代背景，館種などによって力点が異なる。

米国で出現した図書選択の考え方は，当初，個人の感覚的なものであったものが，調査，統計，比較など，科学的なアプローチを取り入れ，徐々に理論的に洗練されていった。しかしながら，万人が賛同するような決定的なものはなく，さまざまな類似形があり，新たな見直しの提案もある。上述の2つの機能の揺れをふまえたうえで，図書選択に関する思潮を2世紀にわたって分析・略述することで，現在への理論的推移が展望できる。その後，21世紀初頭の電子メディアの発展とその加速度的な進化・普及の立場で，蔵書構成に与える動向を見直すことにする。

a. 公共図書館成立当初の図書選択理論[2)]

近代以前の欧米の図書館においては，選択作業はきわめて主観的であった。図書館員は当人が知る最善の書物を受け入れる努力を惜しまず，彼らの職責は"本"を調達し，管理することであった。資料の取り扱い方は実際に熟慮されていたとはいいがたかった。この過程を説明した古典的なマニュアルにガブリエル・ノーデ（Gabriel Naudé, 1600-1653）が1627年に著した"Advis pour dresser une bibliothèque"（図書館づくりのための助言）[3)]があった。ノーデのこの書はアメリカにおいては2世紀以上にわたって重用された。

1853年，全米（世界）初の図書館員会議（Librarian's Convention）[4)]が開催された。このとき，会長に選出されたジュエット（Charles Coffin Jewett, 1816-1868）は，基調講演で「我々の目標は，より明白かつ顕著に実践的で実用的なものである。我々は，良書の知識の普及と，良書へのパブリックアクセスの拡大に腐心している」[5)]と述べた。19世紀のアメリカの図書館運動は，人々に良書を提供する思想に焦点を絞り込んだものであった。それはノーデの思想を民主主義にあてはめたものであった[6)]。

1854年，ボストン公共図書館が一般に公開された。この図書館の運動と目的は，当初から内部で活発に議論されていた。同図書館の理事（trustee）の一人ジョージ・ティクナー（George Tickner, 1791-1871）[7)]は，1852年に準備報告書を執筆し，図書館で提供される書物の種類を，参考図書（reference books），「少数の人しか読むことを望まない図書」（books that few persons will wish to read），通俗図書（popular books）に区分けした[8)]。理事たちは通俗図書の教育的価値に疑いをもっていた[9)]。公共図書館は生まれたばかりであったが，すでに通俗カテゴリーに対するある種の不快感が広まっていた。この時代の図書館を牽引した人々は学識が高く，ティクナーはハーバード大学教授，先のジュエットもブラウン大学で図書館職をスタートしていたし，ほかの多くの図書館リーダーたちも似たような背景をもっていた。ところが，大衆の望んだものは，彼らの上品な嗜好とは異なっていた。1866年の統計で，ボストン公共図書館の階下ホールに設置された通俗図書館から借り出された図書は約18万冊だったが，そのうちの少なくとも70％はフィクションであった[10)]。こうしたすれちがいに対して，図書館界のリーダーたちは，教育的な図書といっしょに軽い小説や大衆的なノンフィクションも提供するという妥協的な方法で解決を図ろうとした。のちに「梯子理論」（ladder theory）と呼ばれる方法である。それは，人々の読書習慣は，さほどよくない品質の図書からより高い価値をもつものへと昇っていくという仮定からなるものであった。

1876年の第1回全米図書館大会以降の四半世紀は，米国の図書館の成長と進歩の時代であった。図書館運動が全米に拡散し，さまざまな背景をもつ人々が図書館長に就くようになった。ボストンのようなエリート的環境はどちらかといえば稀であった。

1880年までに全州で公共図書館に関する法が成立したが，すでに図書の選択原理（principle of selecting）がゆるやかに考えられるようになっており，コレクションに関するいかなる制限も規定されることはなかった。このころ，公共図書館の隅々までいきわたった選択原理は，読書それ自体を第一の目標とするというものであり，読者は自分が読みたいものを手にするべきだとされた。それでも，不道徳な書物は決して提供されなかった。質のよい小説は中身のないものよりは少しはましとされ，図書館員は，人々にスキルの強化や学習力の改善につながる読書の機会を与えることにこだわった。

時代は，大都市の成長，移民，富の増加，公教育制度の発展へと動いていた。梯子理論に対する信奉が揺らぎはじめ，いわゆるフィクション論争（fiction controversy）に火がついた。教育的な価値よりも，人々にレクリエーションを提供することに意義を見いだす図書館員が増えていった。小説の収集を一切拒んだ図書館もあった[11]が，19世紀末にはフィクションを容認する方向で収束。この転換は，のちに，価値論から要求論への転換と説明された。

図書館員教育を大学課程で最初に確立したのはコロンビア大学（Columbia College）で，1887年のことであった。このとき，図書選択の実務が定式化されたといってよい。コロンビア大学で教授されたのは実務ベースの選書法で，収書作業（発注業務）に焦点があてられたものであった。

b. 要求論の展開

図書選択に関する教科書が書かれるようになったのは1920年代後半である[12]。初期の教科書で最も著名なものはヘレン・ヘインズ（Helen E. Haines, 1872-1961）の"Living with Books"[13]である。彼女は，図書選択に関する考え方の相違を，「読者」に焦点をあてるか「図書」そのものに焦点をあてるかで異なることを明らかにした。

1936年，カーノフスキー（Leon Carnovsky, 1903-1975）は，シカゴ大学で開催された研修会で，ヘインズのアプローチを「要求論」と「価値論」の対立関係で説明した[14]。そして，米国における初期の良書提供主義からフィクション容認までの変化を価値論から要求論への主導権の移行ととらえた。

図書館員は選択原理の基盤づくりに関心を抱くようになった。米国の教科書と実務で「要求論」が主導的観点となった。すなわち，大衆が欲するものを提供すべきであるという考え方である。しかしながら，上にみたように，この理念はボストン公共図書館に代表される初期図書館運動ですでに導き出されていたものである[15]。

一方で，同時期，ピアス・バトラー（Pierce Butler, 1886-1953）は異なる視点を提示していた。選書は，第1に，社会の主導者（leader）たちのニーズを満たすことにより，社会全体の利益になるようにおこなわれるべきであると説いた[16]。1949-1950年におこなわれた公共図書館調査（Public Library Inquiry）[17]では，コミュニティーの「オピニオンリーダー」に奉仕する役割を

果たすよう選書がおこなわれるべきであることが主張された[18]。こうして選書の社会学理論（sociology theory）が形成された。

　図書選択理論は，上述した以外にもさまざまな人々によりさまざまな提案がなされているが，一つひとつを取り上げて説明することは紙数の関係でできないので，米国で主張された代表的な図書選択理論を一覧表にして巻末資料1に掲げる。

c. 図書選択構造の確立

　図書選択理論の変遷とは別に図書選択の構造ともいうべき図書選択手法の変化がみられる。20世紀前半を通じて，図書館の現場における図書選択の構造が段々とできあがっていった。図書館員らは，個々の図書のリストを参照し，現在ある蔵書と，これに加えるべき新しい図書を，内容を踏まえて検討するようになった。また，定期的に選書会議を開き，図書を推薦し，合議して，購入を決定するプロセスを取るようになった。

　さらに，1冊1冊の図書を個別に購入する方式から，ある種のカテゴリーをリクエストし，出版社や取次会社が推薦する一群の図書を見計らい方式（approval plan）で購入するようにも変化していった。たとえば，ある図書館は『ニューヨークタイムズ』紙上に載ったベストセラー本を全部購入することをあらかじめ取次会社に申し渡した[19]。

　また，新たな変化として，蔵書のめざすべき目標を宣明する蔵書構成政策（Collection Development Policy, CDP）がつくられるようになった（CDPには個々の図書のリスト，予算上の見積，購入手続きは含まない）。CDP作成の第一歩は現在の蔵書の評価である。ALA（米国図書館協会）は，1979年，図書館員がCDPをつくるときの参考となる指針を発表した（表8-1）[20]。最も完成したCDPは，コレクション全体の収集目的の宣言に始まり，主題と形式（望ましくは「レベルの深さ」をもつこと），寄贈図書受入政策，処分政策（ウィーディング，weeding。不要図書選択／除架ともいう），複製政策，他館との共同選書政策などについて個別に目的が描かれ，論争のある資料についての取り扱い，CDP自身のための評価と改訂政策に関する言及をも含むものである。このALAの指針はどちらかというと大学図書館に受け入れられ，公共図書館はもう少し大まかなものをつくっているという[21]。

表8-1　米国図書館協会 CDP 作成指針の例

レベル	計画内容
包括（comprehensive level）	規定分野のすべての形式・すべての重要な作品を入手
調査（research level）	新しい調査研究の執筆に必要なものなど，その分野で発行された主要な資料を入手
研究（study level）	個々の大学生や自立した学者に必要とされる資料を取得
基礎（basic level）	読者にその分野の紹介とさらなる詳細調査を案内できるくらいの資料を取得
最小（minimal level）	その分野のいくつかの基本的文献を入手

　出典：David Perkins & American Library Association Collection Development Committee, "Guidelines for Collection development," American Library Association, Chicago, 1979, pp.3-5.

第3節　デジタル情報資源とコレクション形成

a.　デジタル情報資源の特徴

　20世紀末から，物理的には無形な電子情報資源である電子ジャーナルやデータベースがインターネットを背景に登場した。電子情報資源は，インターネットで無料提供されるもの以外は，契約を必要とする有料サービスであり，印刷雑誌購読と同様の会計手続きを必要としながらも，支払いの見返りとして物理的相応物が保存できないという特質をもつ。まっさきに対応に苦慮したのは大学図書館界であった。

　大学図書館では，資産会計上の必要性から，無形なデジタル情報資源を印刷して保存を計ろうとした。たとえば，STM（Science, Technology & Medicine, 科学・技術・医学）の国際的な学術雑誌は，日本国内で刊行されている雑誌に比べ，きわめて高額でそのバックナンバーへのアクセスが保証されていなかった。そのため，プリントアウトを自館製本し対処するのは会計制度上やむをえない方策と思われた。当然のことながら，著作権法上の問題と抵触する。結果，その膨大な電子雑誌の自館印刷製本版は廃棄命令を受ける事態に追い込まれた。

　これは利用に供する資料の伝統的な物理的存在形式を超えた仮想的な資料群が現出したことにより起きた問題である。図書館の無料原則は世界でもほぼ守られながらも，物理的資産・資源保存の考え方，利用者へのアクセスの保証に変節の圧力が加わりはじめたのである。伝統的な資産・資源保全原則になじまないために，会計原則基準への対応に工夫が必要で，手続き的な問題が蔵書構成にも大きな影響を与えるようになった。この問題は，運用次第では知的自由にも抵触する。

b.　図書選択理論の変容

　図書選択は，図書館の使命（mission statement）に即しながら，資料の選択基準にもとづいて，図書館があらかじめ調達し，整理し，書架などに展示・配架して利用に供する作業の入口となる。目的は基本的に館種を問わず本シリーズ第1巻でふれられているとおり，知的自由を保証することで"民主主義"に寄与するためにある。

　蔵書構成（collection development）と呼ばれてきた蔵書の選択と収集活動にかかわる定義は，21世紀に入って大きく変わろうとしている。上述したとおり，無定形でかつネットワークを経由して提供・利用される環境に移行する時期を迎えたことが最大の原因である。アルファベット言語圏とくに英語圏では，グーグルブック（Google Book）やハーティトラスト（HathiTrust）などが主導して，学術情報流通の主流になったことで，学術研究活動のデジタル化を加速させた。デジタル人文学（digital humanities）や電子科学（E-Science）の発展は，研究の一次情報源（primary source）をも含めて電子メディアに変換して利用することで，アナログ形式の研究では解明できなかった問題が解決可能となった面もある[22]。

　つまり，知の体系の中心が，知の創造，創成あるいは知の起源の探求を志向するかぎり，先端研究を進めやすい環境を求め，結果として，合理化という電子化が進んだのである。ものごとは上流の影響を受ける。大衆化した知であれ，同様の傾向のもとに流行が起こり普及する。それが

今みられる，欧米の電子書籍を中心にした電子メディアへの移行である[23]。

　携帯電話の普及とその展開をふりかえれば，技術革新の速度はきわめて速く，スマートフォンの機能は約10年前の汎用コンピュータと同等で，価格差は数千分の一になっている。ハードウェアの低価格化が加速すれば，収録される内容も多機能化し，印刷媒体を価値判断基準においた評価体系が適切でなくなるのは時間の問題である。蔵書構成すなわち図書選択理論すなわち図書館情報資源選択方針も幅広いものが必要になってきたといえよう。

c. 21世紀にふさわしいコレクションの定義

　図書館運営の中心的な業務である蔵書構成の理論と変遷を米国の事例でみてきた。ICT（Information and Communication Technology, 情報通信技術）の発展をふまえて，ここでは，蔵書構成を，電子メディアを中心に再定義したものを紹介する。この定義では「内容構成」（content development）という用語が新しく提案されている[24]。

　蔵書構成（collection development）という語句は多かれ少なかれ図書選択（book selection）のいい換えであり，それは図書館員が図書や非図書資料を受け入れてから処理する一連の作業を記述したものである。近年，蔵書管理（collection management）という表現が現われ，蔵書構成を含めた意味で用いられ，さらに，資源の配備に配慮する意味がこめられている。幾人かの執筆者が新しい用語「内容構成」（content development）を使うことを提案しているのは，オンライン著作ともいうべきものがもはや図書館の蔵書たりえないという事実への説明ができるからである。

　図書館のために資料を選ぶことは，社会が図書館専門職に付託した職責である。これははるか以前から「間接的ながら，我々が奉仕する公衆，および，公衆がその一部をなす社会全体に対して，我々の大きな影響力を発揮するのはここである」[25]といわれてきた。図書館員のみが蔵書構成を含めて意思決定の品質を向上しうる唯一の人々である。いうまでもないが，図書館員は，その過程において，当然，利用者の意向を最大限忖度する必要がある。

設　問

(1) 梯子理論は，図書館の教育機能を重視する考え方なのか，それとも，情報提供機能を重視する考え方なのか，あなたの考えを述べなさい。

(2) 21世紀のコレクション形成に影響を及ぼす要素を整理し，900字程度で述べなさい。

参考文献

1. 河井弘志『図書選択論の視界』日本図書館協会，2009年
2. 河井弘志『アメリカにおける図書選択論の学説史的研究』日本図書館協会，1987年

注)

1) 二村健『図書館の基礎と展望』(本シリーズ第1巻) 学文社, 2011年, pp.13-14. および, 竹之内禎編著『情報サービス論』(第4巻) 学文社, 2012年, pp.20-21.

2) この段は, 主として次の文献によった。Guy A. Marco, "The American Public Library Handbook," Libraries Unlimited, 2012, 533p.

3) Gabriel Naudé, "Advis pour dresser une bibliothèque," 1627, 原語は Wikisource la bibiliotèque libre で読むことができる (http://fr.wikisource.org/wiki/Advis_pour_dresser_une_biblioth%C3%A8que, '16.8.31 現在参照可)。邦訳：ガブリエル・ノーデ著；藤野幸雄監訳；藤野寛之訳『図書館設立のための助言』(図書館学古典翻訳セレクション1) 金沢文圃閣, 2006年, 136p.

4) 図書館仲介業者・書店経営者で "Norton's Literary Gazette" の出版者である Charles B. Norton の呼びかけで, 1853年9月, ニューヨークにおいて, 全米から図書館員が一同に会した。発起人は図書館界のみならず歴史研究会や芸術科学アカデミーの会員ら26名。大会は, ニューヨーク市立大学を会場に, 13州にまたがる47図書館から80名の参加者を得た。当時, スミソニアン学術協会の書記補兼図書館員であった Charles Coffin Jewett が会長に選出された。当初は, この大会を定期的におこなう予定であったが, 実際は, 23年後の米国図書館協会の発足まで待たなければならなかった。Larry T. Nix, 'Library History Buff Blog,' http://libraryhistorybuff.blogspot.jp/2009/02/librarians-convention-of-1853.html ('16.8.31 現在参照可)。

5) Librarians' Convention, "Proceedings of the Librarians' Convention held in New York City, September 15, 16, and 17. 1853," Reprinted for W.H. Murray, 1915, p.14.

6) 前掲, Marco, p.95.

7) ハーバード大学のスペイン語・スペイン文学教授。1849年には, 3巻本の "History of Spanish Literature" を出版した。1823～1832年までボストン・アセニアム (Boston Athenaeum) の理事。ボストン公共図書館の設立に尽力し, 1852年より理事会のメンバー。1865年, 理事長。梯子理論の主唱者として重要。

8) Boston, "Report of the Trustees of the Public Library of the City of Boston," July, 1952.

9) Patrick Williams, "The American Public Library and the Problem of Purpose," New York: Greenwood Press. 1988. p.5.

10) 前掲, p.6.

11) たとえば, ペンシルベニア州ジャーマンタウンのフレンズ教会図書館長ウィリアム・カイト (William Kite, 1810-1900) は, 自分の図書館には, 1冊もフィクションをおいていないと発言した。河合弘志『アメリカにおける図書選択論の学説史的研究』日本図書館協会, 1987年, p.54。

12) 図書選択の最初の教科書とされるのは, 英国の Lionel Roy McColvin, "The theory of book selection for public libraries," London, Grafton, 1925, 188p. である。米国の Francis K.W. Drury, "Book selection," Chicago, American Library Association, 1930, 369p. も初期の教科書として知られていた。

13) Helen E. Haines, "Living with Books: The Art of Book Selection," New York : Columbia University Press, 1935, 505 p. 著者ヘインズは, "Library Journal "誌の編集にたずさわったのち, 米国図書館協会の事務局員として活躍, カーネギー賞を受賞したが, 健康上の理由により一線を退いた。

14) 前掲, 河井弘志, p.2。

15) 河合弘志は, カーノフスキーの要求論を素朴要求論と呼び, ボストンでおこなわれた民衆の求める図書の提供の背後に図書館の教育機能を見ていたため, 要求論とは区別することを主張している (河合は, これを自然向上論と呼んだ)。前掲, p.25。なお, 念のため, 河合の自然向上論を本章では梯子理論といっている。

16) Pierce Butler, "An introduction to library science," Chicago: University of Chicago Press, 1933, pp.36-37, 51.

17) 1947～1949年に, カーネギー・コーポレーションの資金提供を受けておこなわれた社会科学研究会議 (social science research council) による調査。当時の米国公共図書館を, 組織, 目的, 管理, 構造, 財政, 運営, 人員, 顧客, 資料, 問題など, さまざまな角度から検証した。関連著作が多数生み出され, 第二次世界大戦後のランドマーク的な調査として知られる。Brenda Week Coleman, "Keeping the faith: the public library's commitment to adult education, 1950-2006," Ann Abor, Mich., 2008, pp.15-16.

18) この公共図書館調査に加わった研究者の一人 Robert Leigh は, 「生まれながらの公共図書館の支持者」とは, 「人間的豊かさと啓発に興味・意志・能力をもつ成人のグループ」であり, コミュニティーで重きをなす少数の人々であると主張した (Robert Devore Leigh & Social Science Research Council Public

Library Inquiry, "The public library in the United States : the general report of the Public Library Inquiry," Columbia University Press, New York, 1950, p.48.)。また，同じく Bernard Berelson は，「図書館の公衆」(the library's public) を研究し，コミュニティーのごくわずかの人々しか実際に図書館を利用していない，成人の 18%のみが 1 年に 1 回利用しているに過ぎないことを明らかにし，公共図書館の正しい役割とは，すべての人々にゆき渡るようにするよりも，コミュニティーの「真面目な」文化的気づきをもった人々に慎重に意識的に奉仕すべきであり，これにより公共図書館が再定義できると主張した (Bernard Berelson, "The library's public : a report of the Public Library Inquiry," Columbia University Press, New York, gr1949, pp.130-1.)。この時代まで米国図書館界では一般に，公共図書館が読者を育てるという考え方がとられていたが，その対象は一人でも多く誰でもとされてきた。しかし，この「調査」で明らかにされた特徴は，少数の常連利用者（これを opinion leader と呼んだ）に優良なサービスを集中させ，そこから滴り落ちるもので社会全体が利益を得るという考え方が打ち出されたことである。経済理論に，富有層を優遇すると滴り落ちて貧困層も潤うとする「滴り落ち理論」というものがあるが，これを彷彿とさせる。

19) 前掲，Marco. p.98.

20) Sheila Dowd, Thomas Shaughnessy, and Hans Weber, 'Guidelines for the formulation of collection development policies,' in American Library Association Collection Development Committee, David Perkins, "Guidelines for Collection Development," ALA, 1979, 78p. または，American Library Association Subcommittee to Revise the Guide for Written Collection Policy Statements, Guide for written collection policy statements, 2nd ed, American Library Association, 1996, 36p.

21) 前掲，Marco, p.99.

22) 印刷活字が異体字のために電子スキャニングしにくい日本語文献では，印刷メディアと電子メディアを混在させた（hybrid）サービスが当分続くであろう。

23) ところが，日本の図書館で上述の環境におかれているのはごく一部の大学図書館など専門的な研究を推進するごく一部の機関にすぎない。大学図書館であれ，学部教育に主力を注がなくてはならない機関は旧態依然とした図書を中心にしたサービスに終始している。

24) 前掲，Marco, p.94.

25) Lester Asheim. The professional decision. In 2 14-24. Emporia: Kansas State Teachers College. Library Lectures, 1959.

9 コレクション形成の方法

一般に，図書館は一定規模以上の蔵書を備えてはじめて利用が拡大に転ずるといわれる。この章では，コレクションをどのように形成するかについて概略する。

第1節 蔵書構築と蔵書構成

コレクションをつくり上げることを蔵書構築（collection building）という。ほぼ同義に用いられる言葉として蔵書構成（collection development）がある。図書館の蔵書は一度つくり上げたら未来永劫そのままではないので，「発展」の意味を含む後者のほうがより適切であるという人もいる。

「蔵書構成」とは，「図書館蔵書が図書館サービスの目的を実現する構造となるように，資料を選択，収集して，計画的組織的に蔵書を形成，維持，発展させていく意図的なプロセス」（『図書館情報学用語辞典』丸善）である。以下，図9-1にもとづいて解説する。

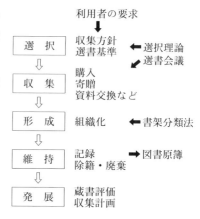

図9-1 コレクション形成のプロセス

第2節 選択（selection）

インドの図書館学者ランガナータン（Shiyali Ramamrita Ranganathan, 1892-1972）は，「図書館は成長する有機体である」（「図書館学の5法則」第5法則）という有名な言葉を残した。これを蔵書構成という観点で敷衍すると，蔵書は，利用者の要求によって，常に形を変え，厚みを増し，成長・発展していくものということができる。

a. 利用者の要求

利用者の要求を汲み上げる仕組みが蔵書構成には不可欠である。利用者の要求は購入希望などから端的に知ることができる。こうした要望を出しやすくするシステムづくりが重要である。

他方で，購入希望は内的要求が外へ表されたものであるが，表出するまでにはいたらない要求を汲み上げる感度のよいアンテナを張っておくことが大事である。まず，書架の様子をみる。書架の乱れは，利用が多いことの証左である。よく利用される資料は類似のものを増強して利用者の選択肢を広げるよう計画する。また，汚損・破損の激しいものもよく利用されていると考えられるので，補修を施すとともに，複本を購入することも検討する。こうしたことは，常日頃から書架を点検していないとなかなか把握できない。

b. 収集方針と選書基準

　前章で，米国における図書選択の理論的変遷をみてきた。選書理論を図書館ごとに検討し，その図書館の収集方針（library acquisition policy）が決定される。収集方針は成文化し公開しておく。この収集方針にもとづき，個々の事例ごとに取捨選択のための判断基準をまとめ，規則の束のように具体化したのが選書（選択）基準（selection criterion または criteria）とか選書規程と呼ばれるものである（巻末資料2に収集方針と選択基準の例を掲載）。

　図書館には多くの要求が寄せられるが，過度の要求に対しては，この選書基準や選書規定を示すことにより謝絶の理由を明確に説明することができる。また，選書基準をもつことは，図書館の自由に抵触する外部からの圧力に抗することができる唯一といってもよい手段である。

c. 選書ツール

　記述内容や造本のありさまを確認できる現物選書にまさるものはないが，毎年の出版点数が8万点（一日あたり219.3冊）を超えるような現況[1]では現物選書は非現実的である。そのため，選書を目的とするさまざまなツール（selection tool）がつくられている。日本出版販売の『ウィークリー出版情報』，日本書籍出版協会の『これから出る本』[2]，日本図書館協会の『選定図書総目録』などが代表的な選書ツールとして用いられている。最近は，インターネット上に新刊書の情報が豊富に発信される。各出版社が出すパンフレット類には内容見本などが載せられていたりするので選書の際には確認しておくとよい。「本日の新刊　○月○日」などというサイトもある[3]。

d. 現物選書（現物選定）

　図書館員が書店に出向いて書棚から直接図書を選んで購入（いわゆる店頭買い）することがある。ごく稀に，年度末に資料費が余ったときなどがその機会となる（余った予算を雑誌の合冊製本に回すことも多い）。学校図書館では「選書ツアー」などと称して図書委員などを連れていき，児童生徒の視点から現物選書をおこなうこともある。

　現物選書の1つであるが，出版社や代理店の販売員が飛び込みで図書館を訪れたり，直接，宅配便で送付したりして，図書の現物を示して購入を勧誘することがある。これを見計らいという。出版社同士が集まって，ライトバンなどに図書を積み込み，持ち回りで数カ月間かけて地方の図書館を回り，見計らいによって新刊書を宣伝したり買い上げてもらったりすることもある（キャラバン隊などと呼ばれる。写真9-1）。

写真9-1　地方を回る見計らいキャラバン隊
写真提供：鈴木出版（東京都文京区）

e. 選書会議

　個人の勝手な嗜好で図書を選択してはならないのはいうまでもない。選書会議を定期的に開いて購入すべき図書を決定する。奉仕部門・レファレンス部門，あるいは，分館・地域館などの単位ごとに選書リストをつくってもち寄り，複数の人間による合議を経て購入リストを作成する。

第3節　収集（acquisition）

　コレクションは，常に増強される方向で進んでいく。新刊書の購入をリクエストする利用者は多いし，雑誌の最新号は必ず到着する。

a. 購　入

　毎年，資料費として計上する予算の範囲で，選書会議などによって決定された図書を発注し，図書が購入（purchase）される。発注先は，主に取引を継続している書店とか代理店である。図書を専門に配本する業者もある。出版社から直接購入する場合もある。

　雑誌などの定期刊行物は，定期購読の手続きをおこない，毎号発注手続きをしないで済むようにする。一般書でも，シリーズものなどは毎回発注手続きをせずに自動的に納品されるように発注できる。このような注文方式を継続注文（continuation order）という。

b. 寄　贈

　購入以外に，寄贈（donation）によってコレクションが形成されることがある。旧家に伝わる古文書類が寄贈されたり，愛書家の遺族が故人の蔵書をまとめて寄贈したりすることがある。資料的な利用価値の高いものは，敬意をこめて「○○文庫」とか「○○コレクション」と名づけられ，図書館の集客の目玉になるものもある。

　しかしながら，寄贈は，図書館員にとっては“厄介”なものでもある。すでに所蔵されている図書であるかを調べたり（すなわち書誌同定），目録データをダウンロードするための処置をおこなったりなどの業務が加わる。汚損・破損が激しいものや，出版年が古くて資料的価値が下がっているものは，寄贈されてもコレクションに繰り入れられないことが多い。このように，寄贈主の価値判断と図書館における判断基準との間にズレが生ずると，せっかくの好意を無にしてしまうこともあるので，個人からの寄贈は受け付けない方針をとる図書館もある。一方で，資料費を十分確保できないなどの理由から，図書館から世間に寄贈を呼びかける場合もある。

　地域資料は，一般の書籍流通ルートに乗らないことが多いので，購入とは別な収集手段が必要となる。自治体の他部署や地元の公的機関などが発行した図書や資料，あるいは，パンフレット類を図書館にも送付するよう，他部署や他機関にしっかりと認識してもらうことが大事である。

　寄贈に似たものに寄託図書（deposited book）がある。図書館に収蔵しているが，いわゆる所有権はもたず保存管理および利用者への提供だけをまかされた一群の資料である。

c. 資料交換

　自治体やほかの公的機関の発行する図書やパンフレット類を多めにもらっておき，ほかの図書館の同様な資料と交換（exchange）することによって，コレクションを増強する方法もとられる。大学図書館では，他大学の紀要を収集するときによく用いられた方法である[4]。

d. そのほかの方法

　絶版の図書や入手が困難な図書を著作権法第31条の範囲で複製して製本しコレクションを増強する場合もある。自治体のほかの機関が所蔵していたものが保管転換によりコレクションに加

えられることもある。また，一枚ものの文書類（たとえば行政文書など）をまとめて自館製本して収蔵する場合もある。障がいをもつ人々に対しては，既存の資料のメディア変換をおこない，コレクションを形成することもおこなっている（詳しくは第3章および本シリーズ第6巻）。

第4節　形　成

コレクションの大きさは大小さまざまである。コレクションは書架上にまとまって存在する。コレクションを形成しても，そのなかから必要な図書館情報資源の現物を適切に迅速に取り出せなければ意味がない。そのためにコレクションを主題目録法や記述目録法といった技法で組織化する（組織化については本シリーズ第3巻）。こうした点から，特色あるコレクションや用途別のコレクションは別にして，小ぢんまりした単位のコレクションを数多くつくることは避けたい。あちらこちらに散在して，本当に必要な資料にたどり着けなくなっては本末転倒である。

a．コレクションの組織化

書架上に図書のグループをどうつくるかについては，「書架分類」（shelf classification）という長年月の間に築き上げられた標準的な技法がある。そこでは，同一の主題の図書は書架上の同じ位置に自然にグループをつくり，隣接した主題の図書は書架上の近接した位置にまとめられる。地域資料コレクションのように，一般的なNDCでは区分けしにくいものは，独自の分類体系をつくって管理することもおこなわれる（第5章参照）。

b．小規模コレクションの形成

装丁が同じで複数の巻に分かれている全集あるいはシリーズもの（叢書）のなかには，各巻ごとに扱う主題が異なるものがある。これらは全体が1つの大きな編集方針で貫かれているので，主題に応じて個別に書架に配架するよりも，一まとめにして別置するのがよいだろう。大型本も収容体積の関係から，コーナーをつくるのが一般的である。参考図書類や美術書／写真集のような，読書以外の用途があるものも，独立したコレクションとして別置することが多い。絵本も別置される。絵本自体の目的からも外形からもそのほうがわかりやすい。

第5節　維　持

蔵書は有機体のように新陳代謝が必要である。たとえば，日本地図は，できるだけ新しいものを揃えることを心がける。近年，大規模な市町村合併（平成の大合併）があったため1998（平成10）年以前のものは現在とは大きく異なる（合併前の状況を知りたいという要求もあり得るので簡単に廃棄できないことに注意）。年鑑・統計資料なども，毎年，最新のものが必要になる。文学作品のうち，長期のロングセラーは出版年が古くともそれなりに貴重だが，子どもたちは新しいきれいな本を好み，古い汚い本は手に取ろうとしない傾向があることも知っておく必要がある。

a. 図書原簿

　公立・市立を問わず，図書館の情報資源は，その図書館が所属する機関の財産である。したがって，会計監査の対象となり，財産管理をしっかりおこなわなければならない。収蔵した資料を記録した一覧を図書原簿または図書台帳（以下，原簿）という。最近は，コンピュータ管理が主流なので，紙の原簿を用いず，図書館業務システムによって財産管理までおこなうのが一般である。ただ，大震災の教訓から，定期的に紙にプリントアウトしておくことが大事であろう。

　コレクションの維持管理はすべて原簿に記録する。記録すべき項目は，書名，著者名，出版者などの簡単な書誌事項のほか，図書を一意に識別できる登録番号（図書番号といったりする），所在記号（請求記号），受入年月日，および，購入価額（古書などがよい例だが，実際に入手に費やした金額で，図書に表示される定価とは異なる），予算費目，予算出処などの購入にまつわる項目など（これらをローカルデータという）である。また，除籍や廃棄の記録も残さなければならない。

b. 除籍と廃棄

　図書館における「除籍」とは，「既に原簿に受入登録されている資料の記録を抹消すること，および，その手続き」（『最新図書館用語大辞典』柏書房）のことをいう。一方，「廃棄」とは，「雑誌・新聞の廃棄，図書の廃棄など資料管理での不用処分（資料として物理的に使用不能となったり，内容的に利用価値が低くなった場合に払い出す[5]こと）をさす語として通常用いられている」（同前）。この2つは，一般には同義として用いられることもあるようだが，厳密にいうなら，除籍は財産目録から抹消されるが資料そのものが図書館からなくなるとは限らない。廃棄は資料が図書館にもはや存在しなくなることを意味する。

　除籍は，紙の原簿では取り消し線を引き，除籍の旨の印を押して年月日を付しておけばよいので比較的簡単だが，コンピュータ管理の場合，除籍した図書のデータを消去してしまうのは短絡的である。運用上は除籍でも，データは残しておくようなシステムを選定すべきであろう。

　なお，所在不明により一度除籍した図書があとで発見されることがあるかもしれない。普通なら「復籍」をと考えるが，財産管理の面では矛盾が生じるおそれがある。そのため，原簿上は，除籍した事実を覆す（除籍を取り消す）のではなく，以前の除籍はそのままにして，まったく新しい図書として受け入れ，新しい図書番号を付す。除籍の事実はあくまで記録に残しておく。

第6節　発　展

a. 蔵書評価

　図書館のコレクションは，長年月の間の図書館活動の結果として形成される。そのまま維持していってよいのか，別な方向性はないかなど，確認していくのが当然である。そのため，時期を定めて蔵書評価（collection evaluation）をおこなう。一般的な蔵書評価の指標を表9-1に示す。評価方法としては，貸出調査法，館内利用調査法，利用者意見調査法，書架上での入手可能性調査，シミュレーション利用調査，チェックリスト法，直接観察法，比較統計分析法，蔵書基準適

用法がある[6]。そのほか，リクエスト分析，読書調査などの技法も用いられる。

b. 収集計画

すでに述べた収集方針をより具体化したものが収集計画である。その際には，蔵書評価をもとに

表 9-1　蔵書評価の指標

蔵書回転率	年間貸出冊数を蔵書冊数で割った値（蔵書に対する年間貸出冊数の比率）。1 冊の本が何回貸し出されたかを示す指標となる。
蔵書更新率	年間の除籍冊数と新規受入冊数の合計を蔵書冊数で割った値。資料の更新がどの程度なされたかを示す指標。
蔵書新鮮度	年間の新規受入冊数を蔵書冊数で割った値。
蔵書増加率	基準年を定め，この年の蔵書冊数に対して，年度ごとにどの程度増えていくかを比率で示したもの。棒グラフなどを用いる。
蔵書比率	全蔵書の内訳の比率。内訳とするものは，NDC の類ごとに示してもよいし，絵本など，何らかのカテゴリー別でも構わない。

し，多くはスケジュール化して計画する。年度ごとの収集計画のほか，利用者の動向，社会の動向などを考慮しつつ，長期的な見通しのもとにたてる収集計画もある。

c. 他館との相互協力

新刊書出版点数の増加，利用者ニーズの多様化により，一館ですべての利用者のニーズを満たすことは困難である。コレクションの形成もリソースシェアリング（resource sharing, 資源共有）の考え方から，近隣の他館との連携のうえに計画される必要があろう。

設　問

(1)　身近な図書館を例にとり，コレクションの様子を 900 字程度で概略しなさい。
(2)　(1)のコレクションを将来的にどのように発展させたらよいか考察し 900 字程度で述べなさい。

参考文献
1. 日本図書館協会『図書館ハンドブック』（第 6 版増訂版），2010 年
2. 神奈川県図書館協会図書館評価特別委員会編『公共図書館の自己評価入門』（JLA 図書館実践シリーズ 9），日本図書館協会，2007 年

注）
1) 2015年 1 年間の新刊点数は 8 万 48 点だった。出版年鑑編集部編『出版年鑑 2016 資料・名簿編』出版ニュース社，2016 年，p.30。これを単純に一日あたりになおすと 219.3 冊である。
2) 次のサイトで，pdf ファイルで参照することができる。日本書籍出版協会「これから出る本」http://www.jbpa.or.jp/database/publication.html（'16.8.31 現在参照可）。
3) TOHAN CORPORATION「e-hon　本／本日の新刊」，http://www.e-hon.ne.jp/bec/SE/Genre?dcode=01&ccode=01&taishongpi=NEW&listcnt=1（'16.8.31 現在参照可）。
4) 最近は，学術機関リポジトリが進み，ネットワークで入手が可能な論文が増えているので，紀要交換の機会は減っている。
5) 払出しとは，通常，物品が物品出納職員の保管から離れることをいう。消耗・売却・亡失・毀損・保管転換・贈与・給付・廃棄などにともない払出しがおこなわれる（『最新図書館用語大辞典』柏書房）。
6) 参考文献 1，pp264-266。

10 人文・社会科学分野の情報資源とその特性

　街の書店に広く出回る一般市民を読者とする小説やコミック，啓蒙書などもようやく電子書籍の形態が珍しくなくなりつつあるが，学術情報は一歩先んじてデジタル化の段階に入っており，学術論文については電子ジャーナルがふつうに利用されている。学術情報は，慣行的に文科系と理科系に二大別されてきた。本章では，文科系（人文・社会科学分野）学術情報を取り上げる。

第1節　分野による研究の特性

a. 人文・社会科学分野の特性

　およそ学問には，どの領域にもいくつかの流派（学派）がある。着眼点，分析視角，方法論などが同じ者同士が自然に集まり，こうしたゆるやかな集団が形成される。図10-1のabc，ABCはある学問領域の学派を示す。過去には，a，b，b'，cの4つがあったが，aの流派は，あるとき，ある研究者のある研究（②）によって枝分かれし，現在，AとA'になったことを示している。同様に，bとb'は，

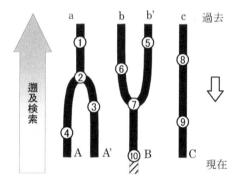

図10-1　人文・社会科学分野の文献検索

もともと似通っていたものがある研究（⑦）によってBに統合され現在にいたっていること，それらとは一線を画するいわば"わが道をいく"Cがあることを示している。

　人文・社会科学分野の研究者は，著書や論文で自己の研究を発表するとき，冒頭で，まず，このような領域全体の流れを概観（レビュー）することから始める。そして，現在の自分の立ち位置（たとえばB）を説明し，自分の研究（⑩）は，この流派に「これだけの新しい知見（図中の▨）を加える」というかたちでその研究の意義を明らかにする。

　したがって，人文・社会科学の研究者らは，自己の研究を進める前に，時々に現れるそれぞれの代表的な文献（①～⑨）の存在を把握し，読破（精通）していなければならない（これを怠ると研究自体が十分な評価を得られない）。研究者らに求められるのは，過去にさかのぼって文献を探すこと，すなわち，遡及検索（retrospective retrieval）である。人文・社会科学系の学科が設置されている大学の図書館員は，これらの特性をよく認識し，遡及検索の便を提供する設備やツールを準備し，また，サービスに努めなければならない。

　こうした特性があるため，人文・社会科学分野の成果発表は，概して，著書1冊とか，数十ページを超える論文とか，記述量が多いのが特徴である。反面，研究に入るまでの十分な準備期間が必要で，著書であれば数年に1冊とか，論文であれば年間数本とかのペースで研究者は執筆をお

こなう。一個人の生産サイクルは比較的ゆるやかで，発表媒体としての学術雑誌の刊行頻度も年刊が多く，回数が多くてもせいぜい季刊である。

b. 科学技術分野の特性

人文・社会科学分野と対照的なのが科学技術分野である。科学技術分野の研究スタイルを図にすると，およそ図10-2のようになる。人文・社会科学分野とはちがい，大学の教員などが教科書を書くようなとき以外，過去を振り返ることはほとんど意味をな

図10-2　科学技術分野の文献検索

さない。それは，この分野の方法的特性による。たとえば，実験や観察である。なんらかの化合物を混ぜ合わせて反応を見たり，新しい材料に外力を加えて強度実験をしたり，考えられるいろいろな組み合わせを，環境を変え機械・器具を工夫し，何度も繰り返し試行する。それぞれに結果を計測し記録する。もし，新しい発見があれば，それは世紀の大発見となる可能性もある。

ほかの研究者と同じ実験方法，同じ材料，同じ器具を用いても，すなわち，他人がおこなった研究を跡追いしても，研究者生命を長らえさせることはできない。したがって，この分野では，同業者（研究ライバル）が，今，何をどこまで進めているか，どのような実験をおこなっているかをつねに意識していなければならない。研究者らに求められるのは，過去にさかのぼる検索ではなく，現在の検索（同時代検索）なのである（図10-2）。化学分野で，20世紀初頭に早くも抄録誌"Chemical Abstracts"（1907年創刊）が登場したのも，こうしたことから説明ができる。カレントアウェアネスサービス（current awareness service）がもっぱら科学技術分野でおこなわれる理由が理解されたであろう。理工系の大学図書館や専門図書館では，こうした分野の特性をよく考慮し，図書館サービスに反映させなければならない。

なお，研究者らの研究発表にも分野の特性が現れる。研究者らは，過去にさかのぼったり，研究をレビューしたり，執筆に時間をかけたりといった時間的ゆとりはないといってよい。論文を書いても，校正・印刷・製本・頒布と，研究が完了してから発表までのタイムラグが数カ月はある。その間に，同じ研究手法，実験方式，材料などでライバルが先に発表してしまったら，それまでの努力が水の泡となってしまう。したがって，論文というよりは3～4ページ程度の短い「研究ノート」といわれるものを書く。研究ノートすら書かず，口頭発表の際にレジュメを配って終わりとする例も多い。こうした流通ルートに乗らないが，研究の貴重な情報源となる文献を灰色文献（gray literature）という（第5章でも詳述）。

学術コミュニケーションの1つである口頭発表の目的も異なる。人文社会科学分野が，いずれまとめる論文や著書に向けて，まず，批判・批評を受けるためにおこなうのに対し，科学技術分野では，研究の先鞭性の主張（簡単にいえば"唾をつける"）がその主たる目的となる。「今，こういう実験をやっていて間もなくこういう結果が出ますので，皆さん，同じことをやっても無駄ですよ」と表明しているのである。

こうした特性は，学術情報メディアである学術雑誌の刊行頻度にも現れる。タイムラグを少し

でも小さくするため，月刊誌が多くなる傾向がある。とくに医学分野では顕著である。

第2節 人文・社会科学分野（文科系学問領域）と科学技術分野（理科系学問領域）は2つの世界を構成するか

　日本では，大学進学を目標とする高等学校の教育課程において，文科系と理科系のコースに振り分けることが多く，大学の入学試験についても受験科目を別建てにすることが一般化している。イギリスの物理学者であり小説家でもあったC.P.スノー（Charles Percy Snow, 1905-80）は，『二つの文化と科学革命』（The Two Cultures）という著名な書物[1]を残した。そこでも人文的文化と科学的文化の交流と相互理解の困難さを説いた。

　たしかに，人文・社会科学研究の一部には，特定の古典や先行する著名な業績だけを対象とし，それを一定の立場，価値観から訓詁学（古語の意義を研究，解明することを主とする学問）的に読み解くものがある。文献学的方法をとり，解釈の論理的整合性だけが研究者の主張に妥当性をあたえる。そこに執筆者のすばらしい洞察が含まれている可能性は否定しない。しかし，主観的感想・印象にとどまるものでなければ，人文・社会科学研究といえども，断片的にせよ事実とデータにもとづき合理的推論を展開せざるを得ず，人文・社会科学と自然科学との間には，一般にいわれるほどの方法論的な相違は存在しない。人文・社会科学は人と社会を対象とし，自然科学は物理・化学的自然現象を対象とするにすぎないもののように思われる。相互に関連する個別具体的な知見を有機的に重ね合わせ，総合し，その理論的体系化を図り，既存の重厚な学問体系との整合性を確保しようとし，関係する未知の諸問題に対する理論的予測可能性を拡大する知的営為に変わりはない。

写真 10-1　C.P.スノー『二つの文化と科学革命』

　環境科学や情報科学，防災科学のような現代社会がかかえる諸問題に立ち向かおうとする学際的領域では，旧来の人文・社会科学と自然科学の融合，相互協力が不可欠である。人文・社会科学と自然科学を截然と二分する学問・知識観は不毛であり，2つの文化のいずれにも半可通な高学歴レイマン（layman, 素人・門外漢の意）の偏見と先入観の支配にゆだねることになりかねない。

　また，「行動科学」という包括的な学問領域概念もあり，「人間の行動に関する一般法則を，心理学・社会学・言語学・人類学・精神医学・経済学などの諸科学の連係のもとに，体系的・総合的に究明しようとする学問領域」（『広辞苑』）とされ，文理の双方にまたがる。

　人文・社会科学的な一定水準の知識は，現代人が身に備えるべき教養の大きな部分を構成し，日常生活における適切な判断を下すためには必須不可欠である。しかし，上に述べたとおり，研究対象を異にする伝統的な人文・社会科学と自然科学の相違は相対的なものであるとの認識をも

つべきで，本章では，主として，現在の人文・社会科学分野の情報資源のあり様と特性について解説することにしたい。

第3節　人文・社会科学に属する学問的諸領域

『デジタル大辞泉』[2)]によれば，「人文科学」を広義には「政治・経済・社会・歴史・文芸・言語など，人類の文化全般に関する学問の総称」とし，自然科学との対比の2分法をとり，そこには社会科学が含まれている。そして，「狭義には，自然科学・社会科学に対して，歴史・哲学・言語などに関する学問をいう。文化科学」としている。一方，「社会科学」は「社会現象を研究の対象とする科学の総称。政治学・法律学・経済学・社会学・社会心理学・教育学・歴史学・民族学およびその他の関係諸科学」としている。「歴史学」が人文科学と社会科学の両方で取り上げられていることからもわかるように，両者の境界は明確なものではなく，連続性をもっている。本章で一括して人文・社会科学分野とすることには一定の合理性が認められる。

「平成28年度科学研究費助成事業　系・分野・分科・細目表」[3)]（巻末資料3）によれば，人文社会系を総合人文社会および人文学と社会科学に分け，そのうち人文学には哲学，芸術学，文学，言語学，史学，人文地理学，文化人類学が属するものとし，社会科学には法学，政治学，経済学，経営学，社会学，心理学，教育学が含まれるものとしている。

日本語で書かれたかつての人文・社会科学の文献は縦書きで，少し前までは縦書きが正統派といわれる碩学（せきがく）が少なくなかったが，最近では，自然科学同様，広く横書きとなり，縦書きは文学作品や文学評論で見られるだけになってきた。計量人文科学，数理社会科学には，数学史や科学史以上に横書きがよく似合う。

第4節　人文・社会科学研究者の「視野」と「視座」

世界のどこの国の自然科学の研究者も多くは英語で論文を書き，その独創的な研究を国際的な水準で評価されることが期待されているが，日本の人文・社会科学の研究者は一般に日本語で論文を書き，日本語の研究書や啓蒙書を刊行することでその力量が測られる（英語で書いても，日本の社会を語っているものが大半を占める）。そして，直接の研究対象とする人物，組織，社会，文化は多くの場合日本国内に限定される（英語そのほかの言語で論文を著す外国の人文・社会科学研究者もまた通常みずからの生活している国や地域の政治・経済・社会を対象にしている）。外国との比較研究や外国を対象とする地域研究においても，主たる関心は日本社会にある。グローバル化の傾向が著しいとしても，そこでは，善かれ悪しかれ，日本社会の価値観から見事に離脱することはできない。国境を越えて展開される国際政治や国際経済を研究していても，狭い日本の国益を念頭におき，論ずる傾向が強い。

それだけではない。人文・社会科学にかかわる研究をする人たちは，研究を趣味とする在野の

研究者であることは少なく，特定の大学や企業，国公設や独立行政法人などの研究機関に在籍し禄を食んでいる人たちが大半である。また，研究生活を続けるなかで，特定の行政省庁や民間の企業・団体とのつながりが強くなってしまうことが少なくない。国・地方の行政機関や裁判所などに勤務する公務員が執筆されている記事・論文も参照されることが多い。このような人たちが帰属している組織，恩顧を感じている機関に敵対し，その非を断罪する研究成果などを公表することは期待できない。欧米と比較して流動性に乏しい研究環境，労働市場では，職場上司の組織防衛のチェックは不可避で，みずからの関係する組織・団体を客観的に突き放して検討する姿勢をとり，公表に踏み切ることはなかば自殺行為に近い。とくに日本の人文・社会科学研究者の手になる著書・論文を利用するときには，その研究者の所属と地位・肩書，経歴を精査する必要がある。

　社会とのかかわりをもつ人文・社会科学の研究は，一義的に自然の摂理を明らかにするものではなく，一般に社会的現象の解釈に帰するものなので，その提示された見解，提言などは結果的にも一定の部分社会の利益に還元されるところが大きい。上に述べたように，政治行政と絡みついた特定の業界の僕にすぎない人たちが多く，最大多数の最大幸福を願う一般市民や消費者の立場，利益を踏まえて議論する人たちは意外に少ない。研究者のポストに座りながら，事実とデータを踏まえず，マスメディアに露出する評論家や，文学評論と変わるところなく，幼稚素朴なイデオロギーに依拠し，たんなる感想を述べる人たちも少なくないように思われる。なお，人間の内面の豊かな発達に資する文学の意義を否定するものではない。

第5節　人文・社会科学分野の情報資源

　人間存在を対象とする学問・知識領域のうち自然法則に支配される医学，生理学などを除いた分野と人の集合である社会と社会現象を対象とする人文・社会科学分野についての学修を進めてゆく場合に参照する情報資源としては，事物を調べる一般的な百科事典や概念や言葉を確認する辞典，先行業績を追及する書誌・索引がやはり有用であることはいうをまたない。この分野でとくに効果的なレファレンスツール（冊子体・データベース）としては，（歴史）地図，年表，地名・人名事典，各専門分野ごとの辞書や事典などがある。心理学についての専門的辞書・事典を紹介したものが図 10-3 である。

　これからその学問領域を学び始めようとする初学者にとっては，基礎的，やさしいところから段階的に順を追って応用的，先端的な方向へと知識を積み上げていかなくてはならない。それぞれの分野に定評のある入門的な研究案内書が刊行されてきた。たとえば，アメリカ研究には，『アメリカ研究案内』（阿部斉・五十嵐武士編，東京大学出版会，1998 年）があり，民法学には『民法案内 1〜12』（我妻栄［ほか］，勁草書房，2005-2012 年）などがあげられる。また，その学問領域の全体を有機的に関係づけ，俯瞰する一定程度の分量を備えた概説書を読破する意義は大きい。個人的経験から例をあげれば，三ヶ月章『法学入門』（弘文堂，1982 年），原田鋼『政治学原論：

新版』（朝倉書店，1972 年），福田歓一『政治学史』（東京大学出版会，1985 年），原田尚彦『行政法要論：全訂第 7 版補訂 2 版』（学陽書房，2012 年）などが思い浮かぶ。初学者は，身近なその分野の大学教員などの研究者に尋ねるとよい。

---

c. 心理学
<辞書・事典>
[M] 『心理学辞典　普及版』A. M. Colman 原編，藤永保監修，丸善，2005 年
　　心理学，精神医学はじめ，神経解剖学などの分野を網羅した Dictionary of
　　Psychology (Oxford University Press) の日本語版。8,850 語を 50 音順に排列。
[M] 『応用心理学事典』日本応用心理学会編，丸善，2007 年
　　社会のさまざまな問題解決に役立つ 15 分野 300 項目を見開き 2 頁で解説する
　　中項目事典。
<文献索引>
[M] 『心理学の本全情報』日外アソシエーツ，1993−2008 年
　　45/92, 93/97, 1998/2002, 2003/2007 に分冊。
[M] 『心理学紀要論文総覧』日外アソシエーツ，2008 年
　　1920−2007 年の大学紀要 175 誌 1,918 冊より 17,895 点の論文を収録。
[M] 『心理学・社会心理学に関する雑誌文献目録　昭和 23-59 年』2 冊，日外
　　アソシエーツ，1982−1987 年
[O] 「Cogprint」http://cogprints.org/
　　心理学関連の E-print リポジトリ。

図 10-3　心理学に関する専門辞書，事典などの例
出典：山中秀夫 ［ほか］『情報の特性と利用　図書館情報資源概論』創成社，
　　　2012 年，pp.108-09。なお，図中の ［M］は印刷媒体，［O］は Web
　　　サイト。

第 6 節　　人文・社会科学分野の情報資源へのアクセス

　いまもむかしも知識，学問の宝庫は図書館である。図書館に所蔵される膨大な図書，雑誌などの伝統的な紙媒体資料は，図書館分類法により整序され，図書館目録法によりきちんと組織化されてきた。日本の大半の図書館は，館種を問わず，日本十進分類法（NDC）を採用している。NDC においては，4 類「自然科学」，5 類「技術・工学」をのぞき，レファレンスツールを含む 0 類「総記」，1 類「哲学・宗教」，2 類「歴史・地理」，3 類「社会科学」，7 類「芸術・美術」，8 類「言語」，9 類「文学」に分類される情報資料のほとんどが人文・社会科学に含まれ，6 類「産業」の一定部分も人文・社会科学の内容をもっている。ということは，蔵書の多くの部分が一般読者や学部学生などを対象とする啓蒙書，入門書，概説書である公共図書館はもちろん，また文科系の大学および文理にまたがる総合大学に付設される大学図書館もまた，出版事情をふまえ，かつ，それが分野包括的コレクションなので，ブラウジング，OPAC を通じての資料利用は人文・社会科学の学習，研究につながる。

　高度情報通信ネットワークの利便性を享受できる 21 世紀に入り，すでに図書館は程度の差こそあれ，図書や雑誌のほかデジタル情報資源へのアクセスを提供するハイブリッドライブラリーの姿を明らかにしている。個人的な情報利用もそうであるが，コンピュータリテラシーを備えていない人たちを除き[4]，市民や学生の図書館利用も，館内外からの Web-OPAC だけでなく，インターネット上の図書館の入り口の Web ページ，すなわち図書館ポータルからスタートする。

| 第7節 | 大阪府立図書館の図書館ポータルを例にとって |

　本書を読んでいる学生諸君ないし市民の方々は，自分自身が日常的に利用している公共図書館や大学図書館の図書館ポータルにアクセスし，そこに掲載されている Web サイト，データベースを確認されたい。本節では，筆者になじみのある，都道府県立図書館ではトップ水準にある大阪府立図書館を例にとり，解説を加える。

　大阪府立図書館の Web ページ（http://www.library.pref.osaka.jp/，'16.9.12 現在参照可）にアクセスし，さらに「大阪府立中央図書館ホームページ」へのリンクをたどると，蔵書検索や調べ方ガイドのほか，「分野別情報リンク集」[5]があげられており，人文科学，社会科学の見出しも掲げられている。さらにこのリンク集には，「図書館にある図書をさがす」のところで汎用性のある国立国会図書館（NDL）サーチ，「雑誌－全文データベース」で Google Scholar，「新聞－新聞社の Web サイト」では新聞社各社の Web ページへのリンクがある（新聞社の Web サイトは各社の営業方針にしたがい一定期間ネット上で記事検索ができる）。そのほかにも，法令データ提供システム（総務省行政管理局），国会会議録検索システム（国立国会図書館），2万5千分1彩色地形図を閲覧することができる彩色地形図（財団法人日本地図センター），デジタルアーカイブ（独立行政法人国立公文書館），電子資料館（国文学研究資料館）など，人文・社会科学にかかわるインターネット上の情報源へのアクセスを提供している。

　大阪府立中央図書館のトップページに戻り，「所蔵資料の検索」欄にある「中央図書館で使えるおもなデータベース」のリンクをたどれば，同図書館が業者と契約を結び導入し，館内で CD-ROM あるいはオンラインで利用できるデータベースの紹介がある。人文・社会科学分野では，雑誌記事検索の MAGAZINEPLUS（日外アソシエーツ），CiNii Articles（国立情報学研究所），新聞記事索引では聞蔵Ⅱビジュアル（朝日新聞），日経テレコン21（日本経済新聞），ヨミダス歴史館（読売新聞）などがあがっている。ほかにも，法律判例文献情報（法情報総合データベース）（第一法規），官報情報検索サービス（国立印刷局）が利用できる。

| 第8節 | 紀要論文と機関リポジトリ |

　大学図書館では，大阪府立図書館の例で取り上げたもの以外に，それぞれの大学の設置学部・学科の教育研究に資するデータベース，電子ジャーナルが契約により導入され，図書館ポータルにリンクが張られており，学内利用に開かれている。

　日本の人文・社会科学の世界も，自然科学と同じように，査読つきの学術論文が業績として重んじられるようになってきた。しかし，多種多様な分野の学協会が叢生し，一見研究成果の発表の場は少なくないようにみえるが，権威ある特定の研究者や職務上そのテーマに通暁している実務家への依頼原稿が多くを占める商業的専門誌が多い人文・社会科学分野においては，いろいろ批判はあるものの，今日も紀要の果たしている役割は大きい。また，興味深く読め，オリジナ

リティのある紀要論文も確かに存在する。大学や研究機関の内部の緩やかなチェックを経て公表される紀要論文は，従来は紙媒体で発行され，機関相互で交換し，利用するというのが一般的であったが，最近では CiNii Articles で公開されるだけでなく，それぞれの刊行主体である大学などの機関が図書館の Web ページから公開する機関リポジトリが広まってきた。これら紀要論文については，国立情報学研究所が運営している機関リポジトリの窓口サイト JAIRO（http://jairo.nii.ac.jp/，'16.9.12 現在参照可）で検索し，利用することができる。

設問

(1) 第 1 回の芥川賞受賞者と受賞作品を確認し，その作品に関する批評・評価を述べた記事・論文を検索しなさい。①受賞者の経歴，②受賞作品のあらまし，③検索結果で得たなかから主要だと思われる論評を読み，その論評を批判しなさい。

(2) 日本では，消費税増税をめぐっての議論が活発である。この消費税増税の前提として国家財政が危殆に瀕しているという事実を見逃してはならない。少子高齢化が大きな要因とされる[6]，今日の日本の財政破綻の要因と構造について，NDL サーチ，CiNii Articles，JAIRO，そしてあなた自身が利用している図書館の OPAC を含む図書館ポータルを検索し，関係しそうな記事論文を 3 点取り上げ，要約するとともに，自分の考えを 900 字程度にまとめなさい。

参考文献
1. 山本順一編著『情報の特性と利用：図書館情報資源概論』創成社，2012 年
2. 三浦逸雄・野末俊比古編『専門資料論　新訂版』日本図書館協会，2010 年

注）
1) 原書は 1959 年刊行。Charles Percy Snow, *"The two cultures and the scientific revolution"* New York: Cambridge University Press, 1959. いくつか翻訳が出ているが，最新のものは次で読むことができる。チャールズ・P. スノー著，松井巻之助訳『二つの文化と科学革命』（シリーズ：始まりの本）みすず書房，2011 年。
2) 朝日新聞社，（株）VOYAGE GROUP が維持管理する辞書サイト kotobank により提供される。『大辞泉』は小学館の大型国語辞典。https://kotobank.jp/dictionary/daijisen/（'16.9.12 現在参照可）。
3) 日本学術振興会「科学研究費助成事業　公募情報　系・分野・分科・細目表」https://www.jsps.go.jp/j-grantsinaid/03_keikaku/data/h28/h28_koubo_06.pdf（'16.9.12 現在参照可）。
4) 学校教育や職場研修などでデジタル環境が求める知識とスキルを身につけることができない市民に対して，コンピュータリテラシー教育を実施するのは公立図書館の現代的使命の 1 つであり，諸外国の取り組みと比較したとき，日本社会は大きなおくれをとっている。
5) 大阪府立中央図書館「大阪府立中央図書館　分野別情報リンク集」http://www.library.pref.osaka.jp/site/central/subjectrink.html（'16.9.12 現在参照可）。ホーム（大阪府立図書館）から，大阪府立中央図書館＞調査相談＞分野別情報リンク集，でたどることができる。
6) 少子高齢化は今に始まったことではない。たとえば，18 歳人口の規模と特性は 18 年前にすでに認識できたはずであるし，大規模な戦争や災害がなければ 60 歳人口の規模は 60 年前にほぼ既知のことである。

11 科学技術分野，生活分野の情報資源とその特性

17世紀に近代ヨーロッパ科学が生まれ，産業革命が資本主義的技術の発達を促し，現在では科学と技術は一体化し，産官学協働によって推進される独創的科学技術の成果の創出は国威の発揚および産業構造の更新，高度化を期待されている。科学技術分野の学術情報のライフサイクルとその生産・利用にあたる研究者の実像についても一定の理解を得ることを本章の目的とする。

第1節　科学技術分野，生活分野の意味

「科学」という語は，最広義にはおよそ大学で教えられているすべての内容をさし，人文・社会科学も含んだすべての学問分野をいう。しかし，一般には，自然の摂理の発見と利用を任務とする自然科学を意味する。17世紀にニュートン（Isaac Newton, 1642-1727）やデカルト（René Descartes, 1596-1650）があらわれヨーロッパ近代科学が起こり，19世紀には科学者は専門的職業となった。一方，18世紀のイギリスにはじまった産業革命は科学を目的的に人間の日々の生産活動の向上と日常生活の利便性増進のために応用する技術，テクノロジーの発達を促した。

現在では，科学と技術は対立するものではない。実験，観察などにより自然法則を見いだす科学は，その経済活動，日常市民生活への応用的利活用である技術と連続しており，科学と技術に垣根はない。現在では，20世紀後半から急激な発展をみた情報通信技術の媒介も著しく，科学と技術は一体化し，「科学技術」と把握されることが多い。両端に理論的な正当性の確保をめざす基礎研究と市場に流通させる新規商品の創出をめざす開発研究とがあり，確立された基礎理論を一定期間内に具体的な商品開発に結びつけることを任務とする応用研究がある（図11-1）。

生活科学という領域は衣食住という個人と家庭の営みを対象として成立するもので，従来は，家政学と呼ばれていた。複数世代からなる大家族の農業社会から，核家族・若年単身世帯・高齢夫婦世帯・独居高齢者世帯など多様な市民生活単位が現代社会を構成している。少子化は婚姻・出産・育児などの問題を，高齢化は年金・介護・終末医療などの問題を，

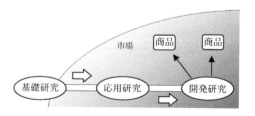

図11-1　科学技術における研究・商品・市場

同時世界不況的な状況は家計の問題を引き起こし，生活のあらゆる局面を深刻なものとしている。生活科学は被服・栄養・住宅の領域を超えて多重多層な学際的構成を要請しており，研究者の育成，業績の蓄積，理論体系化が求められている。本章では，とくに生活科学として言及しないかぎり，生活科学を広義の科学技術に含まれるものとして論じることにする。

第2節　科学技術基本法にうかがえる科学技術に対する"国家意思"

日本には，科学技術基本法（平成7年11月15日法律第130号）という国の科学技術政策の基本的な枠組みを定める理念法がある（巻末資料4）。この基本法の提案理由をみると，「天然資源に乏しく，人口の急速な高齢化を迎えようとしている我が国が，経済の自由化・国際化に伴う経済競争の激化とあいまって直面することが懸念されている，産業の空洞化，社会の活力の喪失，生活水準の低下といった事態を回避し，明るい未来を切り拓いていくためには，独創的，先端的な科学技術を開発し，これによって新産業を創出することが不可欠」であるとの認識が示され，科学技術振興を突破口に産業構造の更新，高度化をめざすことがうたわれている。しかし，「我が国の科学技術の現状を見ると，まことに憂慮すべき状態にあり」，「特に，独創的・先端的科学技術の源泉となる基礎研究の水準は欧米に著しく立ち遅れており，基礎研究の担い手たるべき大学・大学院，国立試験研究機関等の研究環境は欧米に比べ劣悪な状況に置かれて」[1]いるとの現状認識が示され，人文科学のみにかかるものを除く科学技術の振興に関する施策の基本となる事項を定め，科学技術の振興に関する施策を総合的かつ計画的に推進することとしている（同法1条）。

同法9条にもとづき策定された現行（第5期）科学技術基本計画[2]には，「官民合わせた研究開発投資を対GDP比の4%以上とすることを目標とするとともに，政府研究開発投資について（中略）対GDP比の1%にすることを目指す」との研究開発財源への配慮をうたい，大学や国立研究開発法人の機能強化をおこない，「超スマート社会」構築の基盤となるサイバーセキュリティ，IoTシステム構築，ビッグデータ解析，人工知能などの技術，および，新たな価値創出の核となりうるロボット，センサ，バイオテクノロジー，ナノテクノロジーなどの技術の強化を図り，効果的に関係施策を実施するとされている。

第3節　科学技術情報のライフサイクル

図11-2を参照しながら，科学技術情報の生産，流通，加工，蓄積，利用，再生産のプロセスを眺めることにしたい。研究者にとっては，一定の安定した社会的地位を確保するまでは，'publish or perish'（わかりやすくいうと，研究成果をあげてそれを公表し研究者として生き残る努力を続けるか，そのような難儀な生き方を捨て研究開発の舞台から退くことにするか）という瀬戸際で研究活動を展開することを余儀なくされている。図書館に所蔵されている紙媒体の学術雑誌か電子ジャーナルに掲載された先端的な科学技術情報を利用し，みずからの研究テーマを見つけ，地道な実験・フィールドワーク・検証をおこない，同様のテーマを研究している研究者とインフォーマルなコミュニケーションをとり，その産み出そうとしている研究成果の意義と価値の瀬踏みをし，自信がもてれば関係学会などで発表し，そこで得た有意義なコメントを活かして論文に仕立てあげ，学術雑誌に投稿する。その研究成果に産業的利用可能性が見込まれる場合には特許出願を考え，知的財産化を図る。学術論文の成果を基礎に一定範囲のレビューを含む学位論文にまと

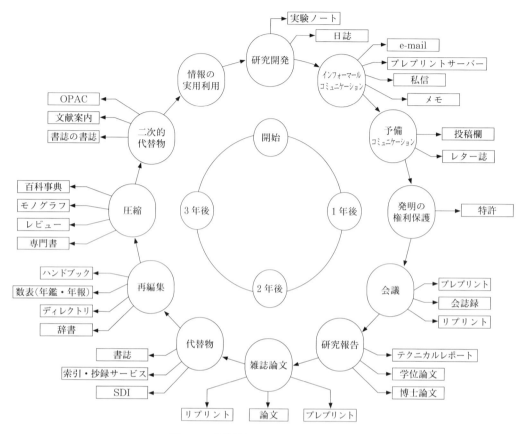

図 11-2　科学技術情報のライフサイクル

出典：伊藤民雄『図書館資料論・専門資料論』学文社，2006, p.82。所引：K. Subramanyam, 'The Evolution of Scientific Information,' M. Dekker, *Encyclopedia of Library and Information Science* vol.26, 1979, p.394.

める。その個別研究テーマを含む関連研究成果が成熟し，従来のその研究領域の理論的体系のなかに取り込まれ，部数の限られた専門書が公刊される一方，テキストや概説書，ハンドブックが刊行され，次の世代のその分野の研究者育成の肥料となる。今後は，従来，図書・雑誌の姿をとっていたものが次第にタブレットなどで閲覧される電子書籍，マルチメディア・デジタルコンテンツになるであろう。

第4節　科学コミュニケーション

　産業構造の高度化，雇用総量の拡大のためには，高付加価値の科学産業（最先端の科学技術研究開発活動を展開するとともに，その成果の商品化とマーケティングを推進する企業群）の一層の育成・振興を図らなければならない。そのための社会的基盤の造成は，科学コミュニケーション（science communication, SciCom）の市民への浸透が不可欠である。

科学コミュニケーションは，科学に関する科学者同士の対話ではなく，一般市民を相手としたコミュニケーションを意味する。欧米では，SciComとして確立した研究領域となり，過去20年ほどの間に，活動事例，講習会，実践者が顕著に増えている。SciComは，たとえば，「科学に対するAEIOU（認識，楽しみ，関心，意見形成，理解）のいずれか1つ以上を個人のなかに呼び覚ますため，適切な手腕，メディア，活動，対話を行使」[3]することなどと定義される（図11-3）。

Awareness	認識
Enjoyment	楽しみ
Interest	関心
Opinion-forming	意見形成
Understanding	理解

図11-3　科学コミュニケーションにおけるAEIOU

図11-2で示した科学技術情報のライフサイクルは，研究者相互のコミュニケーションを取り扱うものであるが，上述のように科学コミュニケーションは研究者と一般市民との対話をいう。個々の人間の評価に血液型を用いたり，バナナダイエットを真顔で語ったりする疑似科学，似非科学を根絶することが望まれる。科学コミュニケーションは次世代の研究者の育成に資するだけでなく，科学産業で働く労働力商品の質を高め，最先端科学技術を化体した高付加価値商品のマーケット拡大にも役立つ。先にふれた第5期科学技術基本計画でも，科学コミュニケーションについて言及されている。

第5節　科学の巨大化と巨大科学の役割

ミクロの世界とマクロの世界で，自然の摂理を探求するには，かつてのようにビーカーやフラスコ，顕微鏡などの身の回りの道具を用いて人間の眼で観察，測定するのでは間に合わない。人工多能性幹細胞（iPS細胞）のような最先端の生命科学に関する研究開発もそうであるし，大地震や巨大津波などの未曾有の大災害に対抗する防災科学もそうであろう。また，大強度陽子加速器施設を利用した多種多様な研究，「京」のような世界最速の高速演算スーパーコンピュータの開発[4]もそうであるが，国策と位置づけ，多数の研究者を動員し，公的資金を含む莫大な研究投資をおこない，科学研究と技術開発を渾然一体として実施する巨大科学（big science）が世界の主要な諸国で国家プロジェクトとしておこなわれている。

"巨大科学"という言葉は，1960年代以降，まずアメリカではじまった巨額の研究費と多数の研究者の投入を要する宇宙開発，原子力開発などの動きをとらえ，ワインバーグ（Alvin Weinberg, 1915-2006）[5]が唱えたものであるが，その傾向はますます大きなものとなっている。

第6節　科学技術分野，生活分野の学術文献情報の特色

巨大科学に限らず，実験やフィールドワークを通じて事実とデータを得て，先行業績をふまえ合理的推論をおこなうこの分野の研究は，研究支援者たちの助けを借り，複数の研究者で実施され，その成果を表現した論文なども複数の執筆者の共著となることがふつうである。大半が独立

した個人的な知的営為の成果である人文・社会系分野の論文との大きなちがいの 1 つがそこにある。

　共著論文の場合には，著者表示の先頭の位置にあるファーストオーサー（first author）がその成果論文の主要な貢献者とみなされ，彼もしくは彼女の主要な業績に加えられる。また，複数の著者の最後に並べられている著者は一般にその研究の総括的責任者とみられることが多い。当該論文の著作権は特段の取り決めがなければ共著者に等分の共有もち分となる。当該論文の複製利用についての許諾は合意によるが，合意を妨げるような権利行使は許されない（たとえば，特定の共著者に悪感情を抱き，正当な理由なく複製利用をこばむといったようなこと）。実験やフィールドワークに積極的に参加し，そのデータ作成に多大の貢献をしたからといって，論文作成に関与せず，著者表示にあげられていない場合には，共著者としての法的地位は得られない。当該研究チームの倫理的意識は問われる余地がある。

第 7 節　研究者の生態と研究者の生産能力，成果と発表の場の評価

　科学技術系の研究分野に限られるわけではなく，社会的にはどの分野においても同じであるが，その分野のすべての研究者たちが同様の成果をあげ，その分野の発展に貢献しているということはありえない。職業的研究者の世界でも，研究業績（論文）の生産につき，高度な超人的生産能力を発揮する人からほとんど業績を残せずにいる人まで存在する。多数の論文を生産する研究者は少数で，執筆した論文の本数の減少に応じて研究者の数は増大する。ロトカ（Alfred James Lotka, 1880-1949）は，1926 年，『ケミカル・アブストラクト』（Chemical Abstract）という抄録誌を対象として「n 本の論文を産みだす人の数は，n の自乗に反比例する」という統計的真実を見いだした。ロトカの法則として知られる。

　また，特定の最先端の研究テーマに取り組む少数の限られた生産力の高い研究者たちは，所属する研究機関を超えて，日常的に個人的に研究活動についての情報交換をおこない，協働競争する形で相互に実り豊かな研究成果をあげる傾向があるということも知られている。この地域や組織を超えた有能な研究者たちの個人的なつながりは"見えざる大学"（invisible college）と観念されている[6]。

　「特定の専門分野に関する評価の高い論文が多数掲載され，その分野では主要なものであると認識されている雑誌」（『最新図書館用語大辞典』柏書房）をコアジャーナル（core journal）という。先端的で学術的に価値の高いとされる論文は比較的少数の学術雑誌に集中して掲載されており，そのような比較的少数の雑誌はどの分野にも存在し，これらがコアジャーナルを構成するという統計的事実を 1934 年に発見したのがブラッドフォード（Samuel Clement Bradford, 1878-1948）で，広くブラッドフォードの法則として知られている。研究者としての評価は，その研究領域に属する研究者が後続の論文に引用される学術的価値の有無，引用の頻度で図られる。学術雑誌の評価を引用・被引用の関係と量を基礎におこなう考え方がインパクトファクターである。

11 科学技術分野，生活分野の情報資源とその特性 *77*

設 問

(1) 巻末資料 4 に収載の科学技術基本法（平成 7 年 11 月 15 日法律第 130 号）を読み，その構成と内容を 200 字程度でまとめなさい。さらに，その 9 条にもとづき 2011（平成 23）年に閣議決定された第 4 期科学技術基本計画（注 2 参照）を検討し，日本の国の科学技術政策のメリットとデメリットを，あわせて 900 字程度で論じなさい。

(2) ロトカの法則（Lotka's Law）およびブラッドフォードの法則（Bradford's Law）の内容を整理するとともに，学術情報の電子化にともないこれらの法則の意義が変じたかどうかを考察し，合計 900 字程度で論じなさい。

参考文献
 1. 伊藤民雄『図書館資料論・専門資料論』学文社，2006 年
 2. 岸田一隆『科学コミュニケーション－理科の＜考え方＞をひらく』平凡社，2011 年

注）
 1) 文部科学省「科学技術基本法提案理由説明」http://www.mext.go.jp/b_menu/shingi/kagaku/kihonkei/kihonhou/riyuu.htm（'16.9.12 現在参照可）。
 2) 内閣府「科学技術基本計画（平成 28 年 1 月 22 日閣議決定）」2016 年 1 月 22 日，http://www8.cao.go.jp/cstp/kihonkeikaku/5honbun.pdf （'16.9.12 現在参照可）。
 3) T.W.Burns, D.J.O'Connor & S.M.Stocklmayer, 'Science Communication: a contemporary definition,' "*Public Understanding of Science*" SAGE Publications, vol.12, 2003, p.183.
 4) 理化学研究所を中心とする国家プロジェクトで，総事業費約 1120 億円を投じて実現したスーパーコンピュータ。2011 年 6 月世界でトップの座についたが，2012 年 6 月にアメリカのセコイアに抜かれ 2 位となった。
 5) 米国の核物理学者。1963 年，一般にワインバーグレポートとして知られる報告書を書いたことで有名。そのタイトルは「科学，政府，情報―情報伝達における科学技術界と政府の責務」と訳されている。U. S. President's Science Advisory Committee, "*Science, government, and information*" Washington, DC, U. S. Government Printing Office, 1963, 52p.
 6) ダイアナ・クレーン著，津田良成監訳『見えざる大学：科学共同体の知識の伝播』敬文堂，1979 年を参照。

12 資料の受入・除籍・保存・管理の実際

　本章では，図書館がその所蔵資料とすることを選択した資料がどのような作業を経て利用者に提供されるのか，それらの資料が一定の利用後にどのように扱われるのかを，公共図書館の実務の視点から取り上げたい（原則論については第9章で取り扱っている）。さらに，その過程のなかで，その資料がどのように管理されているのかも併せてみていきたい。なお，本章では種々ある図書館資料のなかでも図書の取り扱いを中心に解説する。

第1節　資料の受入

　「受入」とは，利用者に提供する資料を図書館所蔵資料として受け入れるための作業をいう。具体的には，図書館が購入することを決定し書店などに発注した図書が，図書館に納品され，検品を経て図書館業務システムに登録され，必要な装備がされ，最終的に配架（排架と表記することもある）がされるまでの一連の作業ということになる。ここでは，その実例として，東京都町田市立中央図書館でおこなわれている作業の流れを以下に記したい[1]。ちなみに，現在は業者が装備をしたうえで，図書が納品されるのが一般的となっているが，町田市立図書館では，何も加工しないままで図書が納品され館内で装備をおこなう，いわゆる自館装備をおこなっている。

①発注した図書と納品リスト（納品書）が段ボール箱に入れられて，書店から図書館に納品される。それぞれの図書には，書名・著者名・出版社名・分類記号や図書記号・金額・発注館名・ISBN などを記した発注スリップが，1冊に1枚ずつ挟み込まれた状態で納品される。

②まず，納品リストにある図書と実際に納品された図書が合っていることを確認する。書名や金額などに誤りがないかの確認である。

③つぎに，納品された図書と，その図書に挟まっている発注スリップの内容が正しいかどうかの突き合わせをおこなう。書名・金額・ISBN などが合っているかを確認する。

④発注スリップに印字された情報にしたがい，図書ラベル（背ラベル）に分類記号や図書記号を記入する。

⑤図書ラベル，バーコードラベルを貼付する。また，レファレンス資料や地域資料などは，館外貸出をするか館内利用に限るか（禁帯出資料にするか）仕分けし，「館内」/「貸出用」のいずれかのラベルを貼付する。なお，これらの装備については第4節で詳述する。

⑥図書館業務システム上で受入操作（簡易受入）をおこなう。これにより，それまで「発注中」となっていたデータが「受入準備中」に書き換えられ，その図書が図書館に納品されたことがシステム上でわかるようになる。

⑦納品リストの合計冊数・金額の計算をおこなう。さらに，図書館業務システムで「受入準備中」状態の図書リストを出力し，合計冊数・金額が合っていることを確認する。

⑧確認が済んだら，⑤でおこなったラベル貼付以外の図書の装備をおこなう。ブックディテクションシステム（BDS, Book Detection System, 図書盗難防止装置）用の磁気テープなどを貼付し，図書の表面保護のための接着透明フィルムを装着する。

⑨装備が終了した図書について，図書館業務システム上で正式に受入操作（本受入）をおこなう。データが「受入準備中」から，「所蔵」状態に書き換えられる。この状態になると，Web サイト上に所蔵情報が公開され，インターネットを通じて予約ができるようになる。

⑩受入作業の済んだ図書を所定の書架に配架する。

受入作業は，図書館の財産管理上の作業とも重なる。そのため，正確・確実さが求められるのはいうまでもないが，少しでも早く利用者に提供するための迅速さが要求される作業でもある。自館装備方式はそのような観点からもきわめて有効な方式だということを指摘したい。

第2節　除　籍

「除籍」とは，図書原簿（図書台帳）に受入登録されている資料の記録を抹消することであり，また，その事務手続きのことである。具体的には，除籍すべき資料を選び出し，その資料を図書館業務システムのデータ上で除籍の扱いとする（この行為が図書原簿からの資料の記録の抹消にあたる）とともに，資料そのものを処分するまでの一連の作業ということになる。また，「除籍」に似た用語として「除架」があるが，これは，開架している図書を書庫に納めたり除籍したりして書架からとり除くことで，図書が増えて収容限度を越える場合や，入れ替えをおこなって魅力と新鮮さを保つためにおこなうものである。一般的には，開架書架が一杯になった時点で，一定の条件にもとづき図書を閉架書庫に移すという除架作業をおこない，さらに閉架書庫が収容の限界に達したときに除籍作業をするという流れとなる。

除籍の対象となる資料は，①不用になったもの，②亡失によるもの，③汚損・破損したものなどである（第9章も参照）。これらのうち，②③については選択の余地がなく機械的に除籍をおこなうことができるが，①については，何をもって不用とするのかという判断が必要になる。この判断は，経験を積んだ図書館員にとってもきわめてむずかしいものであり，「除籍は第二の選書である」といわれることもある。

原則として，除籍は古くなり利用が少なくなった資料から順におこなっていくことになる。そして，すべてがこの原則どおりにできるのであれば，図書館業務システムにより受入日や最終貸出日などでソートした資料リストを作成し，機械的に除籍すれば瞬く間に済んでしまう。なんらむずかしい作業ではない。しかし，実際の運用面では，古くても，また利用が少なくても，図書館として備えておかなければならない，決して除籍してはならない資料が存在する。いわゆる

「基本図書」といわれるもので，「図書館の目的を達成するために，蔵書の中核として構成された最小限の図書群」であり，「参考図書を含めた図書館蔵書のベースとなるような図書」（『最新図書館用語大辞典』柏書房）である。さらにいえば，どの図書を基本図書とするのかということについては議論があるし，基本図書とまではいかなくとも，保存しておくのが望ましい資料もある。

個々の図書館員が各々の判断で勝手に除籍をおこなってしまったら，保存すべき資料がいつの間にか除籍され，失われてしまうといったことにもなりかねない。そこで，除籍をおこなうにあたっては各図書館で「除籍基準」を定め，これにもとづいておこなうことが必要となる。ここでは除籍基準の一例として，町田市立図書館における「図書除籍（除架）の目安」のなかから，「全分野に関わる基本的な考え方」のいくつかを紹介する（表 12-1）。

表 12-1　町田市立図書館における「図書除籍（除架）の目安」（抜粋）

- **除籍（除架）対象資料**：中央図書館では，「受入後 5 年を経過し，なおかつ最終貸出日から 2 年を経過したもの」，地域館では，「受入後 3 年を経過し，なおかつ最終貸出日から 1 年を経過したもの」とする。
- **市内の全館で最後の 1 冊となった資料**：「担当者の判断で除籍してよい」という指示のないものは，原則として除籍しない。最終的な判断は，ベテラン職員により構成される除籍会議でおこなう。
- **基本図書**：除籍しない。
- **手紙の書き方，英会話の本，園芸・ペットの本など出版点数の多い実用書**：どれも平均的に利用があり，利用頻度だけでは判断できない場合が多いので，スペースに応じて古いものから除籍する。利用が多いジャンルについては補充をする。類書が少ないものは慎重に考慮する。
- **歴史観などを扱った論争的資料**：肯定的立場・否定的立場のバランスを，出版点数も加味し，考慮しながら除籍する。

除籍をおこなう際には，慎重を期すために，できるだけ複数の職員がチェックをおこなうようにすべきである。また，除籍の判断は，その分野の資料の動きを把握したうえでおこなうべきであり，こうした点からも日々の配架（後述）の重要性が見てとれる。

なお，除籍された資料は，同じ自治体内の公的施設（学校・保育園など）や地域文庫などに配布されたり，リサイクル図書（写真 12-1）として，個人の利用者に供され再利用されることが一般的になっている。

写真 12-1　リサイクル図書

第 3 節　保　存

人類の貴重な知的財産である資料を，現在と未来の利用者のために保存することは，収集・整理・提供と並ぶ，図書館の基本的な機能の 1 つである[2]。この保存には，「資料を経年劣化から守るための各種の方策」といった意味合いもあるが，ここでは，蔵書構成（collection development）という面での保存についてみていきたい。

利用者への迅速な資料提供ということを考えると，各図書館は所蔵した資料のすべてを永久に保存できればよいのだが，そのようなことは現実にはありえない。各図書館でどのような資料を

保存していくのかを考える必要が生じる。この点については第2節でふれた「除籍基準」が参考となるであろう。除籍基準のなかには，「○○の資料については除籍しない」といった記述がされる場合があり，これを裏返せば，それらがその図書館での保存基準ということになる。

また，一自治体のなかで同一の資料を複数保存するのは非効率的であることから，特定の分野やシリーズものについて，保存する図書館を定める分担保存といったこともおこなわれている。しかし，そうした措置をおこなってもなおスペースが不十分であることから，多くの自治体では，少子化などの理由により廃校となった学校の空き教室を利用するなどして，図書館資料の保存スペースの確保に努めている。

さらに，市町村立図書館での保存には限界があるため，都道府県立図書館がより大規模に資料保存をおこなっている。それらの資料は域内の図書館に協力貸出され，市町村立図書館を通じて利用者に提供されている。

こうしたなか，最近の東京都立図書館は協力貸出を後退させているとして，その失われつつある機能を，市民と図書館員の手によって実現しようという動きがある。「特定非営利活動法人共同保存図書館・多摩」（通称「多摩デポ」）による共同保存図書館構想で，その目的を達成すべく，さまざまな活動がおこなわれている[3]。

第4節　資料管理

資料管理とは，「利用者にとって資料を使いやすい状態にする活動」（『最新図書館用語大辞典』柏書房）とされている。この定義では，資料の収集や分類，目録の整備なども含まれるが，ここでは狭義に解釈し，装備・補修・配架・展示・点検についてみていくこととする。

a. 装　備

装備とは，資料を利用に供するにあたって，利用しやすくしたり，破損や紛失を防止したり，自館の所蔵資料であることを表示したりするためにおこなう一連の作業をいう。その作業内容の一部は第1節でもふれたが，実務経験をもとに，具体的な手順を紹介する。

① 受け入れる図書に，図書ラベルやバーコードラベル，レファレンス資料や地域資料の場合には「館内」/「貸出用」などのラベルを貼付する。なお，ラベルの貼付にあたっては，貼付する位置をある程度固定することでわかりやすくするのと同時に，資料の重要な書誌情報を隠さないよう注意する。たとえば，町田市立図書館では，以下のような基準を定めている。
- 図書ラベルの貼り方：背の下半分で書誌情報を隠さない位置に貼る。書誌情報を隠さざるを得ない場合には，副書名→出版者名→著者名→書名の順で隠してもよいものとする，など

写真 12-2　絵を隠さないラベル貼付の例

- バーコードラベルの貼り方: 本の背を左にして置いた面の，原則として下から約2 cm，中央の位置に貼る。絵本などではこの原則にこだわらず，描かれた絵や文字などを隠さないような位置に貼る（写真12-2），など
- 「館内」／「貸出用」ラベルの貼り方：図書ラベルの上部に貼る。レファレンス資料の場合には，背とバーコードラベルの左側の計2カ所に貼る（写真12-3），など

写真12-3 「貸出用」ラベル

② 資料の紛失防止のため，BDS用の磁気テープを貼付する。なお，磁気テープではなくICタグ（ICチップと小型のアンテナを埋め込み，そこに記憶された情報を読み取れるようにしたラベルやシール）を貼付する図書館も増えてきている（詳しくは本シリーズ第2巻第10章を参照）。

写真12-4 付属資料（地図）あり

③ 図書の表面を水濡れや汚れから保護するため，接着透明フィルムを装着する。接着透明フィルムには，定型サイズにあらかじめカットされているものや，長尺のロールサイズなどがある。図書の高さに合わせられるよう，サイズもさまざまである。フィルムの装着そのものは決してむずかしい作業ではないが，美しく仕上げるためにはある程度の熟練が必要である。

④ 地図や洋裁の型紙などの付属資料がある場合には，封筒を再利用したポケットを見返紙（巻末資料5）につけて収納するとともに，付属資料があることがわかるような表示をおこなう（写真12-4）。また，背に書名がない資料については，タイトルを書いたラベルを作成し背に貼る。

b. 補 修

補修とは，汚損または破損した資料の修復作業のことをいう。図書館資料は，経年劣化するのはもちろんのこと，人気があり利用が著しく多い資料については早期に汚破損してしまうし，残念なことだが，利用者による故意の切り取りや書き込みもある。利用の多い資料が汚破損してしまったときには，同じ資料に買い替えることが望ましいが，全国的に資料費が削減されている昨今，そうした買い替えはなかなかできないのが実情であり，補修は重要な作業となっている。ここでは，簡易な補修作業の実例をいくつか紹介したい。

① ページが取れてしまった場合： 取れたページと本体についている糊をあらかじめ剥がす。つぎに，取れたページと本体に糊を薄くつけ，取れたページを本体に押し込みながら，天・地・前小口（図書の各部位の名称については巻末資料5で確認）などの面をきれいに揃える。最後にページが動かないよう静かに閉じ，輪ゴムで止め，1〜2日糊を乾かす。

② 背文字が退色して読めなくなった場合：ワープロなどでタイトルを作成し，背に貼付して，その上からフィルムを装着する。

③ 水濡れの場合：濡れているページごとに，水を吸い取らせるための紙を1枚ずつ挟み，上から重石を載せ水気を取る。

また，本格的な補修の例として，背の綴じが壊れた図書の補修の過程を本書カバー写真に示す。

12 資料の受入・除籍・保存・管理の実際 *83*

なお，新たに手に入れることのできない地域資料や基本図書などが汚破損してしまった場合には迷うことなくただちに補修しなければならないが，そうでない資料については，補修したあとにどの程度利用されるのかを事前に判断する必要があるだろう。補修には一定の手間と時間や人件費がかかるからである。運用面ではバランス感覚が必要になる。

c. 配　架

　配架とは，個々にふられた所在記号（または請求記号）にもとづいて，図書館資料を書架上に配置することをいう。主に，利用者から返却された資料を開架書架の所定の位置に戻す作業のことをさすが，同時に，配列の誤りがないか，見た目が綺麗に並べられているかといったことを確認し，正していく作業でもある。図書館員・利用者とも，特定の資料を探す際には所在記号にもとづく所定の書架を見ることになるが，誤った配架がされると資料が見つけられなくなってしまうため正確な作業が求められる。また，図書館員を商店の店員に見立てれば，利用客が手に取りたくなるよう商品を綺麗に陳列するのは当然のことであり，見た目に美しい書架を維持することをめざすべきである。

　さて，配架は，通常，棚の1段ごとに，左から右へ，段は上から下への順に図書を並べる。書架が連なっている場合は，左側の連（れん）の最下段の右端から，次の連の最上段左側につづける（図12-1）。とくに不慣れな図書館員は，書架が連なっている場合に，上の段から下の段に移らず隣の連に移ってしまうといった誤りをおかしやすいため，注意が必要である。

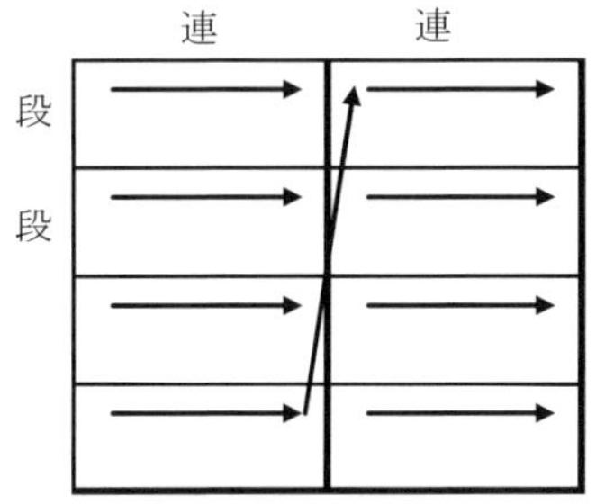

図 12-1　配架の仕方

　配架作業は，ある意味単純作業であり，臨時職員などに委ねられている図書館も多い。しかしながら，配架をおこなうことにより，どのような資料の貸出や利用が多いのか（書架が乱れるということは，貸出されなくても利用者の手に取られているということである）ということを実感としてつかむことができる。このことが選書や除籍をおこなう際にきわめて有用である。配架は図書館員にとって，基本的で大切な作業である（図書館実習の受け入れ先から，事前に配架の練習をしておくようにといわれることも多い）。

d. 展　示

　展示とは，一般には，「品物，作品などを並べて一般の人々に見せること」（『国語大辞典』小学館）をいうが，図書館では，図書館資料を書架上やコーナーに陳列して利用者に見せることをいう。展示は「通常は，特定主題に関心を喚起し，資料利用を促進するために行う」（『最新図書館用語大辞典』柏書房）とされている。なかには，貴重なコレクションなど，貸出を想定せずショーケースに入れて文字どおり「展示」するものもあるが，ここでは，そのまま利用ができる図書館資料の展示について，いくつかの事例をあげたい。

　多くの図書館で実施されている展示として，新着図書コーナーの設置がある。利用者にとって，どのような図書が新たに納品されたのかは重要な関心事であり，新着図書の利用はとても多い。多くの図書館が，入口またはカウンター近くの，利用者の動線上の目立つ位置に新着図書コーナー

を配置する。町田市立図書館では、新たに入荷したばかりの一度も貸出されていない図書だけでなく、すでに1回以上貸出されているが入荷から一定期間の図書も展示している。それらはバーコード番号（登録番号）で管理され、時期をみて、所在記号にもとづく本来の位置に配架される。とくに土・日曜日などは利用者の途切れることのない人気のコーナーである。

ほかに「特集コーナー」がある。これは、図書館員がなんらかのテーマを決めてそのテーマに沿った資料を展示するもので、季節に合ったものやタイムリーな話題を取り上げ、一定期間ごとに入れ替えがされることが多い。町田市立中央図書館でおこなった特集のなかからいくつか例をあげると、2014（平成26）年4月「春爛漫 さあ外へ出かけよう」、6月「雨の日 お家で

写真12-5　特集コーナー

楽しもう」、10月「世界遺産 暫定候補」（富岡製糸場の世界遺産登録を受けて）、2015年1月「本の世界へ」（書評・読書術・出版などに関するものの特集、写真12-5）などがある。また、特集コーナーは常設のものだけとは限らない。著名な作家などが亡くなられたときに、その著書のコーナーが臨時につくられることがある。

こうした特集コーナーの設置は、利用者がその時点で興味関心をもっている資料を見つけやすくするといった効果があるほか、テーマの設定によっては、「埋もれていた本に日の目をみせてやる[4]」ことになり、普段あまり利用されない資料（とくに閉架書庫資料）の利用につながるといった効果も期待できる。いずれにせよ、テーマを選ぶ図書館員のセンスが問われるところである。なお、個々の図書を、ブックスタンドなどを用いて表紙を利用者に見えるようレイアウト（展示）することを「面出し展示」（または「面展示」）という。

e. 点　検

点検は、一般的には蔵書点検と呼ばれ、書架目録（事務用目録）と照合し、紛失資料の有無や所蔵資料の状態を所蔵資料全体にわたって調査することをいう。最近は、BDSを導入する図書館も多く、以前ほどではないとはいえ、それでも一定数の資料の紛失は起こる。紛失があった場合、図書館業務システムのデータ上では所蔵されているはずの資料が実際には存在しないということになり、その資料を求めて来館した利用者を失望させてしまう。さらに、こうしたことが多発すれば、資料提供という図書館本来の使命を果たすことができないのも同然で、その信頼を失うことにもなりかねない。そこで、通常は1年に1回、一定期間図書館を休館して蔵書点検作業をおこない、紛失資料を確定することで、必要な措置をとる。

具体例として、町田市立図書館では以下のような作業をおこなっている。

①携帯型コンピュータ端末を使用して、図書館内に存在するすべての対象資料（図書館業務システムに所蔵資料として登録されている資料）のバーコードを読み取り、そのデータを集積することで現に図書館に所蔵されている資料のデータベースファイルを作成する。ちなみに、こう書

くと簡単に思えるかもしれないが，数万から数十万点の資料すべてのバーコードを読み込む作業は，身体的に非常に負担の大きい作業である。

②図書館の所蔵資料データベースのファイルを①で作成した実際の所蔵ファイルに置換する。この作業をおこなうと，図書館業務システム上で「所蔵」になっているものの実際には所蔵されていなかった資料が「不明」という状態になる。これにより，図書館業務システム上のデータが実態に即した正しいものとなる。

③前後2つのデータベースで合致しなかったデータをもとに，不明資料（蔵書点検により行方不明であることが確認された資料）一覧リストを作成する。

④作成された不明資料一覧リストについては，①の段階での読み取りミスなどもありうるため，実際に書架を見て，本当にその資料が行方不明になっているかを確認する。後日，必要な資料については買い足しなどの処理をおこなう。

⑤不明になった資料でも，その後，発見されたり返却されたりすることもあるため，点検後すぐには除籍しない。一定回数の蔵書点検を経て不明状態が続くようであれば一括除籍する。

　なお，上述したとおり，蔵書点検は必要不可欠な作業だが，一方で，そのために一定期間休館せざるを得ず，利用者に迷惑をかけてしまうという面もある。この点を考慮し，町田市立図書館では，以前は市内の全館が一斉に休館して蔵書点検をおこなっていたことを改め，中央図書館と地域館グループが交互に（それぞれが1年おきに）蔵書点検をおこなうこととした。点検期間中も市内何れかの図書館が開館するようにしている。最近はICタグを導入することで，蔵書点検作業を効率化し，休館日を短縮する図書館が出てきていることを追記しておく。

設　問

(1) あなたが利用している図書館が，資料の受入・除籍・保存・管理について，どのようにおこなっているかを調査し，それを900字程度でまとめなさい。

(2) 除籍をおこなうにあたり，留意すべき点について，900字程度で具体的に説明しなさい。

参考文献
1. 宮沢厚雄『図書館情報資源概論』理想社，2010年
2. 小黒浩司編著『新訂　図書館資料論』（新現代図書館学講座8）東京書籍，2008年

注）
1) 本節に示した町田市立中央図書館における受入の手順は2014年度までのもので，2015年度からは図書館システム更改（ICタグの導入など）により変更がある。このことは第4節 a. の「装備」および e. の「点検」についても同様である。
2) 図書館法第2条に，「この法律において『図書館』とは，図書，記録その他必要な資料を収集し，整理し，保存して，一般公衆の利用に供し，その教養，調査研究，レクリエーション等に資することを目的とする施設で（以下，略）」とある。
3) 特定非営利活動法人共同保存図書館・多摩「本を生かそう　保存し活用をつづけよう　そのために智恵をだしあおう」，http://www.tamadepo.org/index.html（'16.9.12 現在参照可）。
4) 大澤正雄『公立図書館の経営　補訂版』（図書館員選書21）日本図書館協会，2005年，p.91。

13 情報生産の新たな仕組みと図書館情報資源

　図書館情報資源は，粘土板，パピルス，紙，フィルム，磁気テープ，光ディスクなど，媒体の変遷こそあったが，そのままでは散逸しかねない個別の記録を一箇所に集中して，人々が利用しやすい仕組みをつくってきた事実は一貫している。本章では，新たな図書館情報資源となる可能性のあるいくつかのトピックを扱うことにする。

第1節　「クラウド」という言葉

　最近よく聞かれる言葉に「クラウド」がある。和歌山県有田川町立図書館が電子図書館サービスをはじめたとき，それを報道した新聞の見出しは「クラウドで電子図書館[1]」だった。記事は，「クラウド型電子図書館サービスでiPadを利用可能にした」と述べている。「クラウド型電子図書館」とは，どういう概念を表すのだろうか。言葉の意味を理解することから始める。

　注意したいのは，片仮名で「クラウド」と表記する場合，英語のcloud（雲）とcrowd（群衆）の2つがあることである。「クラウドソーシング」はcrowdsourcingであり，「クラウドコンピューティング」はcloud computingである。ともに，インターネット上の新しい潮流を示す言葉として2006（平成18）年ころから用いられたとされている[2]。

　cloudは図13-1のように，構内ネットワーク（LAN）の範囲までは具体的に把握できるが，その先はさまざまな機器が介在し混沌としているため，雲になぞらえて図示することがよくおこなわれることからきているといわれる。

　一方，crowdは「（秩序のない雑然とした）群衆，大勢，人込み」（『新英和中辞典』研究社）の意味である。インターネットの利用者は，各方面の特段すぐれた専門家もいるが，全体としては特定の傾向をもたない雑然とした人々の集合とみなすことができる。

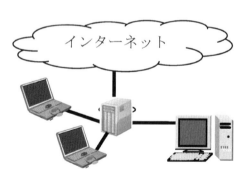

図13-1　クラウド（cloud）のイメージ

第2節　クラウドソーシング

　crowdsourcingは，crowd（群衆，大衆）と，業務委託を意味するsourcingとの合成語である。図書館に限らず，行政のさまざまな部署や一般企業などで，業務のいくつかが外部の事業者などに委託（外部化）されることがある。特定の業者や個人に委託することをアウトソーシング

という。それに対し，クラウドソーシングは，多くの人々に仕事をなげかけ，有償無償を問わず，その協力をえて業務やプロジェクトを遂行することをいう（図13-2）。昨今，産業界，ビジネス界で多用されるようになった手法である。

クラウドソーシングは，ひところ議論されたweb2.0を説明する重要な要素である。本シリーズ第1巻でも扱ったが，web2.0の本質は，①不特定多数の参加と②コストゼロである[3]。画像投稿サイト，動画投稿サイト，Q&Aサイト，商品価格比較サイトなど，人々の無償の協力でコンテンツが充実していくインターネットの新しい段階を特徴づけるものである。インターネット上の百科事典ウィキペディア（wikipedia）も，こうした潮流の産物である。

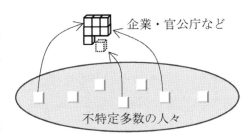

図13-2　クラウドソーシングのイメージ

クラウドソーシングによってつくられるサイトのうち，ウィキペディア，Q&Aサイトは，人々がもっている知識を集める。こうして集まった知識を集合知（collective intelligence）[4]という。ウィキペディアには，誤った記述や意図的な誘導もたまに見かけるが，時間を経るにしたがって，知識の正確性が増す方向へ進んでいくと推測できる。集合知の正しさを説明しようする試みはいくつかある[5]。確かに，ある値を推測する場合など，個人が推測するより集団が推測するほうが正しい値に近いことは証明され得る[6]。しかしながら，多様な利害や価値観が対立するような問題については，集合知が有効かどうかは不明であるという[7]。

図書館員は，集合知の性質をよく見極めておく必要がある。ウィキペディアの利用については慎重であるべきである（本シリーズ第4巻第4章第3節参照）。

第3節　クラウドコンピューティング

単に「クラウド」というだけでクラウドコンピューティングを表す場合もある。このサービスをcloud service，このサービスをおこなう事業者をcloud service provider，または，単にcloud providerという。クラウドサービスは運用形態によっては，クラウドソーシングの一形態とみなすことができる。

クラウドコンピューティングは定義があいまいな言葉といわれる。最も簡単なものは「自分のコンピュータのハードディスクドライブの代わりに，インターネットを通じてデータやプログラムを保存したりアクセスしたりすること」[8]であろう。

クラウドコンピューティングをコンピュータの利用形態の変遷のなかに位置づける考え方がある。コンピュータが誕生した当初は，組織内に大型計算機センターを設置し，各部署が処理を依頼するバッチ処理がおこなわれていた。時分割システム（TSS, time sharing system）が確立すると端末を各部署に配置し，大型計算機のCPUと直結するオンラインリアルタイム処理が実現

した。ついで，ワークステーションやパソコンの性能が向上すると，これらを用いた構内ネットワークを構成する分散処理へと移行した。現在は，これまでと大きく異なり，こうしたハードウェアやソフトウェアを自ら保有しなくとも，インターネット上の（どこかにある）コンピュータ資源を利用したり，データの蓄積をおこなったりする形態へと変わってきた。これをクラウドコンピューティングという（図13-3）。利用する側は，インターネット回線とパソコンとWebブラウザなどのわずかな環境を調えるだけ済み，利用したサービスに対し対価を支払う仕組みである。クラウド化するのはハードウェア[9]，ソフトウェア[10]，データの蓄積・管理などがあり，これらを混在する形態もある。

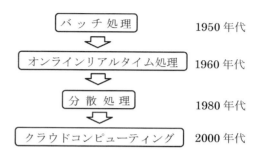

図13-3　コンピュータの利用形態の変遷

　先のクラウド型電子図書館とは，サーバー設備と電子書籍などのデータを図書館がもたず，クラウドプロバイダが保有する資源を用いて，自館の図書館サービスとして提供するもので，このサービスを実施するための費用を図書館が負担する。閲覧は，タブレットやパソコンを通じ，仮想的に貸出・返却もおこなわれる。図書館においては「蔵書」の概念が変わる。

第4節　オープンソース／オープンフォーマット／オープンアクセス

　オープンソース（open source）は，本来，コンピュータプログラムのソースコード[11]を公開することを意味していたが，簡単なライセンスを設定し，誰でも自由にプログラムを利用・改変し，ほかのプログラムと組み合わせたりして新しいものがつくれるようにしたものをいう。似たものに，フリーソフトウェアがある[12]。オープンと殊更いわなくても，ソースコードの公開はインターネットの誕生当初から自然におこなわれており[13]，皆でつくり利用するという思想そのものがインターネットの文化を形成してきたといってよい。WWWやwikiなどのソフトウェア技術はこうした文化の産物であるともいえる。また，オープンフォーマット（open format）といって，ある種のファイル形式（PDF, PNG, ZIPなど）が公開され誰でも自由に使えるようになっているが，これも同様の文化とみなせる（ファイル形式の公開をおこなうもののなかには企業戦略上の判断による場合もある）。

　最近，機関リポジトリを公開する大学も増え，学術論文などがそのままインターネット上に発信される例が多くなっている。これをオープンアクセス（open access）という。インターネット開発にたずさわってきた人々は，以前から自分の論文をネット上に発信してきた。オープンアクセスもインターネット文化という同様の考え方ができる。

　オープンアクセスの文献は，今後も，増加する一方である。わざわざ図書館に文献複写を頼まなくても，自宅のパソコンでそのまま閲読できる便利さは何にも代えがたい。しかし，査読を経

ていないこともあるため，注意が必要である。

第5節　情報生産の加速化

　新しいテクノロジーとアプリケーションは日々進化している。昨今，大量のデータを瞬時に解析して，人々の嗜好や行動パターンを予測するシステムが盛んに開発されている。

　この背景には，とどまることなく増加するインターネット上の情報がある。もはや制御しきれなくなった大量のデータの問題について，さまざまな数値があげられ論じられている[14]。例として，南カリフォルニア大学の研究者らが推定した数値をあげてみよう。

　人類が2007年に蓄積した情報量は300エクサバイト（EB, exabyte）[15]になり，これはCD-ROMにすると4040億枚に相当し，積み上げると（1枚の厚さ1.2mm），地球から月までの距離をさらにその4分の1越えてしまうという[16]。これを本に換算し，米国の国土全体（985万7000km^2）を覆うと本の層が13層できるという。

　また，同年，人々が受信した情報量は1.9ゼタバイト（ZB, zettabyte, EBのさらに1000倍）で，世界人口で換算すると，1人あたり1日174紙の新聞を受け取る量に等しい。一方，双方向で通信された情報量は，65EBにのぼり，これは，両面印刷した新聞紙1枚を伝書鳩で運ばせるとすると，世界中のあらゆる種類の鳥の総個体数（2000〜4000億羽と推定）の4倍の鳩の軍団が，丸1日で運ぶ量に匹敵するという[17]。

　もう1つ別な推計を紹介しよう。ガートナー社（本社＝米国コネチカット州）が2010年におこなった調査にもとづけば，企業に蓄積されるデータ量は年ごとに40％以上増加すると推定され[18]，このまま進むと，2015年までに，世界中のデータ総量は7.9ZBになり，この量は，米国議会図書館の1800万倍に相当するという[19]。

　人類は，これまで経験したことのないデータの大洪水にさらされ始めたのである。こうした大量のデータを「ビッグデータ」（big data）という。この言葉は，2011年ごろから急速に人々の間で用いられるようになった[20]。その定義は，ゆるやかに，「非常に大きく複雑なため，標準の統計ソフトなどでは扱いきれないデータの集まり」[21]などとされる。

　ビッグデータが生成される背景には，その装置またはソフトウェアそのものの働きとして莫大なデータを継続的に産み出すもの（たとえば，監視カメラの映像，ポイントカードを用いた商品購入情報，電気・ガス・水道などの使用量，健康モニタリング，サーチエンジンのキーワードなど），センサ技術の進展と多様化による多種類のデータ（温度，湿度，振動，圧力，音，光，色彩，動き，顔の表情，声の抑揚など）がある。もう1つの潮流として，発展を続けるインターネット上のソーシャルメディアがある。ソーシャルメディアへの投稿ビデオ・写真，コメント，Webサイトレビューなどである。さらに，最近とくに目立つのは，国や地方自治体が，自ら作成したデータを積極的に公開していることである。これらの特徴は，構造化されていない自由な形式で表現されたデータだということである。

図書館員が，直接，ビッグデータを扱うことは（今のところ考えられ）ない。ある人がデータ解析学（data analytics）を駆使して得た知見を別な人と共有しようとするとき，なんらかの媒体や機器や設備・施設が用いられる。このとき，図書館や図書館員がこの間をとりもつ（仲介する）ことは従来どおりである。ビッグデータの時代だからといって，図書館の役割・性格が特段変わるわけではない。

しかしながら，図書館情報資源の観点から次の点に留意したい。印刷物の百科事典は，それぞれの項目に無制限にページを割くわけにはいかない。製作コストのうえからある量に収めるよう編集上の意向が働く。当然，時代が移り変わり，学問の推移や流行り廃りによって，記述が縮減される知識もある。それに対し，インターネット百科事典のウィキペディアは，誤った記述の書き換えはあるが，基本的に新しい知見が追加されるだけである。いいかえれば，巨大化する一方である。その行き着く先にどのようなことが起こるかは誰も予測はできない。集合知の拡大が無制限に突き進む未来社会はどうなるのだろうか。第 15 章でこの問題にもう一度ふれる。

設　問

(1)　クラウドコンピューティングのメリット・デメリットについて考察し，900 字程度にまとめなさい。
(2)　ビッグデータが生まれる背景について，900 字程度で説明しなさい。

参考文献

1. ニコラス・G・カー著，村上彩訳『クラウド化する世界　ビジネスモデル構築の大転換』翔泳社，2008 年
2. デビッド・ワインバーガー著，柏野零訳『インターネットはいかに知の秩序を変えるか？　デジタルの無秩序がもつ力』エナジクス，2008 年

注）

1) 「クラウドで電子図書館」『日経産業新聞』2011 年 10 月 27 日付，第 5 面。
2) cloud computing は，2006 年に，米 google 社の元 CEO エリック・シュミット（Eric Schmidt, 1955-）が最初に用いたといわれている。2006 年 8 月，米国カリフォルニアでおこなわれたサーチエンジンに関する会議で用いたのが最初とする説と，同年 11 月に発行された英エコノミスト誌に掲載した記事で用いたという説がある。一方，crowdsourcing は，同じく 2006 年 6 月，米国 Wired 誌に寄稿された記事で用いられたのが最初とされている。Jeff Howe, 'The Rise of Crowdsourcing', "Wired," issue 14.06, June 2006, http://www.wired.com/2006/06/crowds（'16.9.12 現在参照可）.
3) 二村健『図書館の基礎と展望』（第 1 巻）学文社，2011 年，p.94。
4) 集合知は，一般には，collective intelligence の訳語とされるが，英語の表記は，ほかに collective knowledge, collective wisdom がある。また，集合知を shared knowledge（共有知），symbiotic knowledge（共生知），local knowledge（現場の知），common knowledge（コモンナレッジ）に区分けする提案もある。洞口治夫『集合知の経営―日本企業の知識管理戦略』，文眞堂，2009 年，pp.51-53。
5) 次の書に詳しい。James Surowiecki. "*The wisdom of crowds: why the many are smarter than the few and how collective wisdom shapes business, economies, societies, and nations*" Doubleday, 2004. 296p. 邦訳：ジェームズ・スロウィッキー著，小高尚子訳『群衆の智慧』（角川 EPUB 選書 014），KADOKAWA, 2014 年，333p（『「みんなの意見」は案外正しい』の改題）。
6) 西垣通は集合知定理を提起し，数学的に正しさを説明できるとした。西垣通『集合知とは何か　ネット時代の「知」のゆくえ』（中公新書 2203），中央公論社，2013 年，pp.36-37。
7) 前掲，p.43。

8) Eric Griffith, "What Is Cloud Computing?" PCMag, Ziff Davis, LLC. PCMag Digital Group, May 3, 2016, http://www.pcmag.com/article2/0,2817,2372163,00.asp（'16.9.12 現在参照可）。

9) これをグリッドコンピューティング（grid computing）ということがある。grid とは，telephone grid （電話網），power grid（電力網）のように「網」を意味する言葉で，グリッドコンピューティングは，インターネット上の計算機資源を糾合していつでも，誰でも，どこからでも使えるようにユーティリティー化することをさす。ユーティリティーコンピューティング（utility computing）ともいう。

10) サービスを提供する側のサーバー上でアプリケーションソフトを起動し，それをインターネットを通じて利用する形態。オンラインゲームがイメージしやすい。ほかに，ブログやホームページ開設を請け負うホスティングサービス，各種検索サービスなどがある。

11) 人間がテキストファイルとして記述したコンピュータプログラム。記述にはなんらかのプログラミング言語を用いる。そのままではコンピュータは処理できないので，2 進数のプログラムに変換する。

12) よく知られているのは，MIT のリチャード・ストールマン（Richard Stallman, 1953-）が始めた修正・再配布自由な UNIX 互換システムソフトを開発するGNUプロジェクトである。同氏は，あらゆるソフトウェアは自由に利用されるべきであるという信念のもとに，自ら，Free Software Foundation を組織した。

13) ストールマン（前注）は，「ソフトウェアを共有するという行為はコンピュータ誕生以来，プログラマの世界では，自慢料理のレシピを教えあう感覚で，普通におこなわれてきた」と述べている。Richard Stallman, 'The GNU Operating System and the Free Software Movement,' C2000, O'Reilly & Associates, Inc.http://www.oreilly.com/openbook/opensources/book/stallman.html（'16.9.12 現在参照可）。訳語は次の書：クリス・ディボナ［ほか］編著，倉骨彰訳『オープンソースソフトウェア　彼らはいかにしてビジネススタンダードになったのか』オライリー・ジャパン，1999 年，p.104。

14) Google 社の CEO エリック・シュミットが，「人類文明の黎明から 2003 年までに蓄積された情報の総量は 5 エクサバイト」であり，現在は，「これと同じ量を 2 日で生産している」と講演（Marshall Kirkpatrick, 'Google CEO Schmidt: "People Aren't Ready for the Technology Revolution",' readwrite（blog）, Say Media, Inc., Aug 5, 2010, http://readwrite.com/2010/08/04/google_ceo_schmidt_people_arent_ready_for_the_tech）したことがあり，この数値が，多方面で引用されるようになった。しかし，この数値のまちがいが指摘され（たとえば，Robert J. Moore, 'Eric Schmidt's "5 Exabytes" Quote is a Load of Crap,' "RJMetrics"（blog）, February 7, 2011, https://blog.rjmetrics.com/2011/02/07/eric-schmidts-5-exabytes-quote-is-a-load-of-crap/など），現在は，「人類文明の黎明から 2003 年までにデジタル化された情報の総量」と訂正されている（Klint Finley, 'Was Eric Schmidt Wrong About the Historical Scale of the Internet?', readwrite（blog）, Say Media, Inc., Feb 8, 2011, http://readwrite.com/2011/02/07/are-we-really-creating-as-much）。

15) ギガバイトの 10 億倍，テラバイトの 100 万倍。1 キロバイト＝2^{10}であるが，この表記法を用いれば 1 エクサバイト＝2^{60}である。簡易な表記では 10^{18}バイトで 100 京バイト。

16) Martin Hilbert, et al. 'The World's Technological Capacity to Store, Communicate, and Compute Information,' "Science," Vol.332, April 2011, p62, http://www.uvm.edu/~pdodds/files/papers/others/2011/hilbert2011a.pdf（'16.9.12 現在参照可）.

17) ibid, p.63.

18) Lucas Mearian, 'Data growth remains IT's biggest challenge, Gartner says,' Computerworld （blog）, Nov 2, 2010, http://www.computerworld.com/article/2513954/data-center/data-growth-remains-it-s-biggest-challenge--gartner-says.html（'16.9.12 現在参照可）.

19) David Rohde, data management taming the explosion, "peer to peer: THE QUARTERLY MAGAZINE OF ILTA," March 2013, http://www.epiqsystems.com/uploadedFiles/MainSite/Content/Articles/Data-Management-Taming-the-Explosion-David-Rohde.pdf（'16.9.12 現在参照可）.

20) この言葉が文献に現れる最も早い例は 1970 年。2000 年から 2010 年ごろまでは年数本程度。Gali Halevi & Henk F. Moed, 'The Evolution of Big Data as a Research and Scientific Topic: Overview of the Literature.' "Research Trends," issue 30, September 2012, pp.3-4., http://www.researchtrends.com/wp-content/uploads/2012/09/Research_Trends_Issue30.pdf（'16.9.12 現在参照可）.

21) Chris Snijdersl,et al., '"Big Data": Big Gaps of Knowledge in the Field of Internet Science,' "International Journal of Internet Science," vol.7.No1. 2012, p.1., http://www.ijis.net/ijis7_1/ijis7_1_editorial.pdf（'16.9.12 現在参照可）.

14 電子書籍,電子ジャーナル —図書館情報資源としての意義と課題—

　電子書籍と電子ジャーナルについては,本シリーズの他巻および本巻の他章にて基本的な解説をおこなってきた。本章では,それらを補い,電子書籍と電子ジャーナルの現状を解説するとともに,それらをめぐる動きや課題について論ずる。

第1節　電子書籍の現状と意義

　本節では,電子書籍提供会社(コンテンツプロバイダ)による電子書籍の出版方法,代表的な提供会社,利用者の声からみた電子書籍の存在意義について述べる。

a. 電子書籍の出版方法

　電子書籍は提供会社から読者へ届けられる(第4章参照)。それを含めた電子書籍の出版と流通を図14-1に示す。

　①のように紙の図書の取次会社と書店が電子書籍提供会社におき替わるのが一般的である。大手出版社のなかには②のように自ら提供事業をおこなうものもある。近年は③のように提供会社が著者か

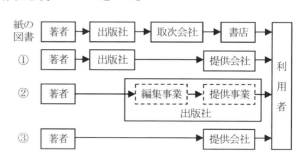

図14-1　電子書籍の出版と流通(比較のために紙の図書の流れも併記)

ら直接著作物を受けとる,あるいは著者が提供会社にもち込む方法もとられる[1]。出版社による編集がおこなわれないので,著者自身が「そのまま出版できるもの」をつくる必要がある。

　なお,①と②では出版社の意向で紙の図書も並行して出版されることがある。

b. 主な電子書籍提供会社とサービス概要

　ここでは,一般書を扱う提供会社と,学術書を扱うものとに分けて解説をおこなう。

　一般書,すなわち街の書店で販売されている図書と同様の内容の電子書籍を扱う提供会社は,電子書籍販売のためのWebサイトを開設し(「電子書籍ストア」などという),利用者は会員登録をして電子書籍を購入し,専用ハードウェアを用いて,あるいは汎用機器に専用ソフトウェアを導入して閲覧する(30ページ図4-1を参照)。表14-1に,日本の主な提供会社についてまとめる。

　学術書を提供する国内の主たるサービスとしては,丸善の「eBook Library」,紀伊國屋書店の「NetLibrary(EBSCOhost eBook Collection)」があげられる。どちらも図書館や研究所などの機関向けサービスである。紙の図書と同様,電子書籍ごとの買い切りであり,機関内で誰かが閲覧している間はほかの利用者は閲覧できない。ただし,少々価格は高くなるが「複数同時アクセス可能」という購入方法もあるので,多くの利用が予想される電子書籍はこの方法で購入する

14 電子書籍，電子ジャーナル　―図書館情報資源としての意義と課題― 93

表 14-1　日本の主な電子書籍（一般書）提供会社およびその諸元

提供会社名	ストア名称	専用端末名称	汎用機器への対応とソフトウェア名称	販売タイトル数
アマゾン・ドット・コム	Kindle ストア	Kindle（※1）	A・I・W・M・B Kindle	約 48 万点
紀伊國屋書店	KINOKUNIYA WEB STORE（※2）	ソニー Reader	A・I・W・M Kinoppy	約 32 万件
ソニー・ミュージックエンタテインメント	ReaderStore	ソニー Reader	A・I・B Reader	約 32 万点
BookLive（凸版印刷グループ）	BookLive！	Lideo（書店で販売）	A・I・W・B BookLive！Reader	約 52 万点
楽天	楽天 Kobo	Kobo（※1）	A・I・W・M 楽天 Kobo	約 41 万点
イーブックイニシアティブジャパン	eBookJapan	なし	A・I・W・M・B ebi.BookReader および ebiReader	約 48 万点（※3）
U-NEXT	ブックプレイス	なし	A・I・B BookPlace Reader	約 23 万点

注：汎用機器への対応欄の記号…A＝Android 端末（スマートフォン，タブレット），I＝iPhone および iPad，W＝Windows パソコン，M＝アップル社の MacOS パソコン，B＝専用ソフトウェアのインストールをせず Web ブラウザで閲覧可。※1…いくつかのモデルあり，※2…紙の図書の通信販売もおこなっている，※3…コミックスが多い（2016 年 8 月現在）

とよい。機関内からのアクセスに限るため，アクセス元の IP アドレス[2]によって契約機関からのアクセスであることを確認する（IP アドレス認証）。

c. 電子書籍利用者の声からみる存在意義

　電子書籍にはこれまで何回かの「出ては消え」という歴史があったが，2010（平成 22）年を「電子書籍元年」とするブームは「本物」と目されている（本シリーズ第 2 巻を参照）。利用者へのアンケートから電子書籍の存在意義を読み取ってみよう。

　毎日新聞社が発行している『読書世論調査』によれば，iPad は販売されていたが Kindle や楽天 Kobo が未発売であった 2010（平成 22）年，電子書籍の利用経験のある人は 10％であった[3]。Kindle と楽天 Kobo の販売開始をはさんで 5 年後の 2015（平成 27）年の調査では 19％となっている[4]。「2 倍近い伸びであり，電子書籍は存在意義が大いにある」ともいえる一方，「2 割弱は絶対値としては小さい」ともいえる。後者については，日本人は図書に愛着をもつため図書を捨てることに抵抗をもっており，読書を情報消費行動ととらえ図書の廃棄をいとわない米国の文化のもとで生まれた電子書籍を日本人が習慣的に使用するのはまだ先だろう，という意見がある[5]。

第 2 節　図書館での電子書籍の扱い

　2016（平成 28）年 8 月現在，全国の公共図書館で電子書籍を閲覧可能および貸出可能としてい

るところは40館程度であり，3000余館のうちの1%程度である。また，閲覧用ハードウェアを貸出している館はわずかであり[6]，利用者個人が所有するパソコンなどを用いるという利用形態が主である。この形態は図書館が専用ハードウェアの保守管理をおこなう必要がないため，今後もハードウェアを館内外に貸出すという方法はあまりおこなわれないものと思われる。一方，大学図書館については網羅的な調査はおこなわれていないが，国立大学図書館協会が2013（平成25）年6月に発表した資料によると，約90ある国立大学の相当数が国内外の電子書籍提供会社と契約を結び，利用者に電子書籍を提供している[7]。

個人所有の汎用ハードウェアによる電子書籍利用にあたっては，専用ソフトウェアを必要とする図書館と，Webブラウザのみで閲覧可能な図書館がある。いずれの場合も，通信ネットワーク経由で貸出手続きをおこなうと閲覧可能となり，貸出期間を過ぎると閲覧ができなくなる，というしくみである。この仕組みを図書館自ら整えるのは費用面や人的な面での負担が大きく，業者などに依頼して外部の電子書籍システムを利用することが一般的である[8]（図14-2）。

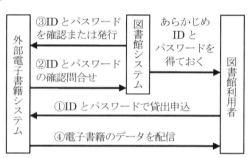

図14-2　電子書籍貸出時の認証と配信
出典：山崎博樹『図書館における電子書籍の導入実態と課題』（「図書館の電子書籍のあり方を考えるセミナー」（'13.10.28開催）発表用資料）を一部改変

第3節　電子書籍の課題

紙の図書に比べ「資源の消費が少ない」「持ち運びが楽である」「動画や音声などを含めることができる」などの利点が注目される電子書籍であるが，課題もある。

a. 提供サービスの終了

第4章で示したように，ある提供会社から購入した電子書籍を他社の専用ハードウェアや専用ソフトウェアで閲覧することはできないことが一般的である。よって，提供会社の倒産や事業方針転換などにより提供サービスが終了されると，購入した電子書籍が読めなくなる[9]。利益追求という安易な動機で電子書籍提供を始め，儲からなければ即座に撤退するというのはいかがなものだろうか。社会や文化に対する責任をもって提供事業をおこなってもらいたいものである。

b. 閲覧のしにくさ

電子書籍の専用ハードウェアや専用ソフトウェアの多くは，ページをめくる感覚で電子書籍を読み進めることができるようつくられている。これは通読には適するが，レファレンス資料のようにあちらこちらを開いて読むのには不便だといわれている。各社「しおり」機能や検索機能などにより工夫はしている。

また，画面を光らせることで表示をおこなうパソコンなどでは，長時間閲覧をおこなうと目が疲れる。さらに，画面解像度が低いと細かな文字や図表が満足に表示できない。前者については，

光を発しない「電子ペーパー」を用いた専用ハードウェアが数社から提供されている（ただし白黒表示に限られている）。後者については，一例として，2012（平成24）年に発売されたiPadは，それまでのモデルに比べて高精細のディスプレイを備えており，細かい図表や小さな文字を十分に読むことができるといわれている。この件は後述の電子ジャーナル閲覧時にもあてはまる。

c. 価格の高さ，あるいは「割高感」

東京工芸大学が2011（平成23）年5月におこなった意識調査では，「紙の図書の半額以下なら電子書籍を購入したい」という回答が約7割を占めた[10]。また，BookLive社（表14-1参照）が2013（平成25）年7月におこなった調査によると，「電子書籍に求めることは何か」という問いに対し，回答者の5割が「価格の安さ」をあげた[11]。電子書籍は紙や製本の費用がかからず流通のコストが低いことから，人々は「安価で当然」という意識をもっていると思われる。

第4節　電子ジャーナルの現状と意義

電子ジャーナルについては本シリーズ第3巻第12章や第4巻第8章，本巻の第4章でふれてきたが，本節で改めてその定義や制作方法，意義などについてまとめる。

a. 電子ジャーナルの定義，特徴，意義

電子ジャーナルは文字どおりに解釈すれば「電子雑誌」であるが，とくに学術雑誌を電子化したものをさす。出版後すぐに利用者のもとに届けることができ（速報性があり），過去の膨大な数の論文を一括して検索することができるという利点をもつ。

大学図書館において2000（平成12）年以降急速に導入が進み，2015（平成27）年には1大学あたりの平均提供タイトル数は，国立大学で1万，私立大学で5000である[12]。また，ある調査によると，大学の自然科学研究者の82%が週に1回以上電子ジャーナルを利用している[13]。これらのデータからみて，電子ジャーナルの存在意義は論をまたないといっていいであろう。

b. 電子ジャーナルの出版方法

学術雑誌は論文を掲載し定期的に発行される雑誌である。発行する学協会（学会や協会など）による編集を経て出版され利用者に届けられる。電子ジャーナルは，出版および流通の部分を電子的に，かつ通信ネットワーク経由でおこなうものである。電子書籍と異なり，閲覧専用ハードウェアを提供している電子ジャーナルはみられず，パソコンを使用しての閲覧が想定されている。そのため，ファイル形式は汎用性の高いPDFやHTMLのものが多い。

資金面などの理由により自ら電子ジャーナル提供のためのWebサイトを運営できない学協会は，発行を請け負う提供機関（これを「出版社」ということもある）に依頼する。日本ではJ-STAGE[14]が主な提供機関としてあげられる。これは独立行政法人日本科学技術振興機構（Japan Science and Technology Agency, JST）がおこなっている事業で，2016（平成28）年8月現在，約2000タイトルを提供している。私企業ではエルゼビア社（http://www.elsevier.com/）が有名である。オランダに本拠をおき，電子ジャーナルの発行以外にも電子書籍やデータベース

の提供をおこなっているこの国際的な学術専門出版社は，約3200タイトルを提供している。

c. 電子ジャーナルの入手と論文の検索

電子ジャーナルは有料のものと無料のものがある。有料のものは提供機関や学協会と契約を結び料金を支払って利用する。いずれの場合も，電子ジャーナルが発行され次第Webサイトにアクセスをして直接閲覧するか，またはダウンロードして閲覧する。大学などの組織が契約を結ぶ際には，固定年額を支払えば組織内から使い放題となる（これを「サイトライセンス」という）。第1節 b. でふれた学術電子書籍の提供と同様，IPアドレス認証がおこなわれる。

電子ジャーナルに掲載された論文は，電子ジャーナル提供機関や出版社が提供のためのWebサイトに準備した検索機能により検索ができる。しかし，複数のWebサイトにアクセスをして同じような検索をおこなうのは手間がかかる。このような場合には論文情報データベースを利用するとよい。これは，複数の電子ジャーナル提供機関や学協会からの論文の情報（タイトルや著者名などの書誌情報および抄録やキーワード）をデータベース化して検索できるようにしたサービスである。検索結果には論文本文へのリンクを含むものもある。日本では国立情報学研究所によってCiNii Articles（http://ci.nii.ac.jp/）が運営されている[15]。国際的に主要なものとしてはトムソン・ロイター社の提供するWeb of Science Core Collectionがあげられる。世界中の約1万2500の学術雑誌の論文情報を収めている[16]。図14-3に，論文および論文データの流れをもとにした電子ジャーナルと論文情報データベースの関係を示す。

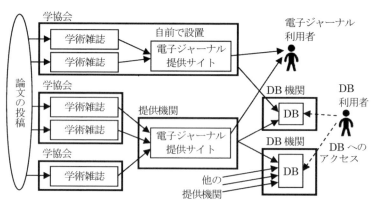

図14-3　電子ジャーナルと論文情報データベースの関係

第5節　電子ジャーナルをめぐる動きと課題

サーバにアクセスしてオンラインで閲覧する電子ジャーナルについては，そのサーバに自然災害などで障害が発生すると閲覧できなくなってしまう。その対策として，各地に電子ジャーナルのコピーを保存するという方法がとられている。これを「電子ジャーナルアーカイブ」という[17]。

論文数の増加による発行費用の増加や大手商業出版社による電子ジャーナル市場の寡占により，電子ジャーナルの価格の高騰が問題になっている[18]。これに対し，オープンアクセスの動きや（詳細は本シリーズ第4巻を参照），国立情報学研究所と大学の図書館が「大学図書館コンソーシアム連合（JUSTICE：Japan Alliance of University Library Consortia for E-Resources）」を設立し出版社との価格交渉を一元化するなどの対策がおこなわれている。

14 電子書籍，電子ジャーナル —図書館情報資源としての意義と課題— *97*

設問

⑴ 電子書籍を学校教育に提供しようとする場合の提供方法と問題点を 900 字程度にまとめなさい。

⑵ 2010（平成 22）年にあった「デジタル・ネットワーク社会における出版物の利活用の推進に関する懇談会」の目的と結論，およびその後の電子書籍・電子ジャーナルに与えた影響を調べなさい。

参考文献

1. 日本図書館情報学会研究委員会編『電子書籍と電子ジャーナル』（わかる！図書館情報学シリーズ 第 1 巻）勉誠出版，2014 年
2. 湯浅俊彦『電子出版学入門 改訂 3 版』出版メディアパル，2013 年

注)

1) 図 14-1 の③の発展形として，提供会社のスタッフの介在なしに著者がオンラインでジャンルや価格を決めて販売をおこなうことのできるサービスがある。2016 年 8 月現在，日本でこのようなサービスをおこなっているのは「キンドルダイレクトパブリッシング」（https://kdp.amazon.co.jp/）のみである。

2) IP アドレスについては本シリーズ第 2 巻『図書館情報技術論』第 2 章を参照のこと。

3) 毎日新聞社編『2011 年度版 読書世論調査』毎日新聞社，2011 年，p.57。

4) 毎日新聞社編『2016 年度版 読書世論調査』毎日新聞社，2016 年，p.81。

5) 植村八潮『電子出版の構図』印刷学会出版部，2010 年，p.4。

6) 湯浅俊彦編著『デジタル環境下における出版ビジネスと図書館』出版メディアパル，2014 年，pp.165-6。

7) 国立大学図書館協会学術情報委員会学術情報流通検討小委員会編『大学図書館における電子書籍のサービスに向けて 現状と課題』国立大学図書館協会，2013 年，p.25，http://www.janul.jp/j/projects/si/gkjhoukoku201306a.pdf（'16.9.12 現在参照可）。

8) 2015 年 1 月現在，TRC が多くの図書館に提供をおこなっている。また，紀伊國屋書店を含む数社による「日本電子図書館サービス」が設立され，今後システムの提供をおこなうとのことである。

9) コンビニエンスストア系の提供会社がサービスを終了するにあたりそのコンビニエンスストアで使用できる「ポイント」を電子書籍購入金額分還元したり，ほかの提供会社に引き継いだり，提供サービス終了後もダウンロードした電子書籍ファイルが破損しない限りは閲覧しつづけられるようにしたりする方策をとった提供会社もあった。

10) 東京工芸大学『電子書籍に関する意識調査』東京工芸大学，2011 年，p.8，http://www.t-kougei.ac.jp/static/file/pr110615.pdf（'16.9.12 現在参照可）。

11) BookLive『"本好き読者"への電子書籍の利用に関する意識調査』http://booklive.co.jp/release/2013/08/141100.html（'16.9.12 現在参照可）。

12) 文部科学省『学術情報基盤実態調査』http://www.mext.go.jp/b_menu/toukei/chousa01/jouhoukiban/1266792.htm（'16.9.12 現在参照可）。

13) 学術図書館研究委員会編『学術情報の利用に関する調査（SCREAL）2014 基本集計』2015 年，http://www.screal.jp/2014/SCREAL2014_summary.pdf（'16.9.2 現在参照可）。

14) Japan Science and Technology Information Aggregator, Electronic の略。和名は「科学技術情報発信・流通総合システム」。J-STAGE には電子ジャーナル提供の他，通信ネットワーク経由の論文投稿や査読結果の伝達を代行する「投稿審査システム」の運用も含まれる。https://www.jstage.jst.go.jp/browse/-char/ja/（'16.9.12 現在参照可）。

15) 2011 年 11 月以前は「論文情報ナビゲータ CiNii」という名称であった。本シリーズ第 1 巻ではこの呼称を用いている。なお，CiNii Articles についての詳細は本シリーズ第 4 巻『情報サービス論』第 8 章を参照。

16) 国際的な論文情報データベースとしてはほかに ProQuest をあげることができるが，これは論文の書誌情報や抄録に加え，収録学術雑誌によっては本文そのものの提供もおこなっている。つまり，データベース提供と電子ジャーナル提供（論文の全文提供）を境目なくおこなっているということである。

17) 参考文献 1，p137。

18) 高橋努「大学図書館から見た電子ジャーナルの現状と課題」『電子情報通信学会誌』Vol.95，No.1，2012.1，pp.28-9。

15 展望

　本章では，図書館情報資源を主要な研究領域の１つとする図書館情報学という学問と，図書館情報資源をめぐる簡単な将来展望を述べることにする。荒唐無稽な物語ではなく，これまでの動向を見据えた合理的な予測として記述するが，あくまで未来予測に属することであり，その先行きは社会の動きや技術動向によって左右される。必ず，こうなることを断言するものではないことは理解されたい。

第1節　図書館情報資源と図書館情報学

　図書館情報資源は，図書館情報学の主要な研究領域であり研究対象である。図書館情報学とはどのような学問か。ここでは，最も有用な定義を紹介する[1]。この定義の"凄い"ところは，図書館とか

> 人間の知情意のはたらきによる記号化行動と，その所産としての記録，並びに，その利用に関し，科学技術の立場に基づく体系的研究をおこなう分野

図 15-1　図書館情報学の定義

情報とか，データベースやネットワークといったそれらしい言葉を使わなくても，この学問を定義できていることである。その課題は「記号化行動」「記録」「利用」の３つである（図 15-1）。

a. 記号化行動

　記号化行動とは，いわゆる記号論の影響を受けたもので，この分野では文字や図形や数字だけでなくあらゆるものが記号であると考える。話し言葉は音素という記号の組み合わせである。コミュニケーションの際には，発話だけでなく，身振り，手振り，視線，顔の表情，服装も記号である。距離や時間までが記号である。人と向き合うときの距離の取り方はその人間同士の親疎関係を表す記号で，待ち合わせに現れる時間はその人間同士の上下関係を表す記号であるという。

　人間はどのような状態でも必ずなんらかの精神活動をおこなっており，それが表情にあらわれたり言葉になったり文章に書いたりと，記号を通じて外にあらわれるのである。記号は一定の約束ごとの下では意味内容を伝える道具であり，媒体である。「記号化行動」とは，すなわち，人間による情報の「生産活動」であり，また，「表現活動」「発信活動」である。

　しかし，情報の生産または発信活動というだけでは語り尽くせないものがこの定義にはある。真に重要なのは「記号化行動」に冠せられた「知情意」のほうである。「知情意」とは古い『広辞苑』（第2版）にその語義があり，「知性」「感情」「意志」のことで人間の精神活動のすべての領域を表すとされる。新しい発見・発明，技術革新，医療，学術など，人間が自らの生活を向上させ，文明を進展させてきた大本はこの「知性」の働きによる。一方で，美しいものを美しいととらえる「感情」がある。そして，何かを成し遂げようとする「意志」がある。このことと，次

の柱の「その所産としての記録」とを考え合わせるとき，如上の定義の真の意味がわかる。

b. 記 録

次のような3つの場面を考えてみる。

① アルキメデスが浮力の原理を発見したとき，「ユリイカ！」と叫んで裸のまま風呂から飛び出した（このエピソードの真偽は定かではない）のも，上の記号化行動である。彼はこの原理を『浮体論』に著わした。これは散逸し朽ちる果てることなく現代に伝わり，私たちはいつでもその内容に接することができる。

② たとえば，奥深い山に迷いこみ，腹も空き喉も渇き，生死も定かでなくなったとき，偶然，視界が開け，とある湖にでくわしたとしよう。水面に陽光が注ぐさまを見て，誰でも安堵感とともに「美しい」と思うにちがいない。そうすれば，詩の一片でも詠んでみようか，あるいは，体験記を書こうか，小説仕立てにしようか，などと思う人も出てこよう。

③ 歴史上，たとえば，植民地支配に苦しんだ人々がいる。彼らは，人間が人間らしく生きる社会があることを学び，同士を募って圧政者に果敢に挑んでいった。このとき，当事者らは，書簡や日記や手記の形で，当時の事件や関係者の思いを紀録したであろう。現代の私たちは，そうして，歴史の多くの部分を詳らかにできるのである。

人間は記録を残す動物である。それが永続する媒体に紀録され，偶然にも散逸することなく現代に伝わり，われわれは先人たちの知恵に学ぶことができる。記録がなかったら，記憶をもたないまま生まれ出てくる人間は，常にゼロからのスタートとなって，（それがいいか悪いかは別にして）こうまで文明を高めることはできなかったであろう。いつまでも暗黒時代の未開の霊長類にすぎなかったであろう。いうまでもなく，図書館の収蔵物は人間の記号化行動の記録である。人類の精神活動の成果であり，知識である。それが図書館情報資源にほかならない。図書館情報学は，これを研究対象とするのである。

c. 利 用

3番目の柱の「その利用」とは，もはや，説明は不要である。これが従来の図書館学の範疇でおこなわれる研究課題である。すなわち，偶然にも現代に伝わった先人たちの知識遺産に，のちの時代の人々がわけ隔てなく，あまねくアクセスできる社会装置としての図書館である。そこでは知識が組織化され，あるいは，利用のための快適な空間が提供される。人間の「知情意」の働きにより生産される情報は，今も急速に増えつつある。そして，それらは電子の世界にますます移行する。ネットワークを通じて遠隔地からも利用ができる。

こうして，図書館情報学は，インターネットなどあらゆる図書館情報資源を含む，情報の生産・発信・流通・消費・蓄積・検索・利用などに関わるトータルな学問として規定できるのである。如上の定義が「情報」という言葉を使わなかったのは絶妙であった[2]。

d. 図書館の本質

今一度，「知情意」について考えてみる。「人間の精神活動のすべての領域」とくに「知性」は学問には欠かせない重要な要素である。知識を産み出す大本である。その所産として，学術論文

や学術書がある。技術者は設計図や特許申請書を残す。法律家は判例を積み上げる。音楽家は楽譜に記す。文学者は言葉の組み合わせを選ぶ。こうして考えてみると，図書館情報学はあらゆる分野の情報生産活動（いいかえれば研究活動それ自体）を研究対象とし，さらに，その成果やその利用までを扱うことを表明している。決して，図書館のことだけではない，物理学や化学などの個別の学問に対するメタレベルの学問だということができよう。

　考えてみれば，図書館は十進分類法により整理された1類から9類までの全分野にわたって知識を収集し収蔵し，全体をあたかも統合された知識であるかのように構成している。常に最新の知識を入力し，取り出しやすいように整理している[3]。図書館はまさに知識のスーパースターなのである。

e. 図書館情報学の今後

　第1章で述べたように，図書館は「情報」だけを扱ってきたのではない。もっぱら知識を扱ってきたのである。したがって，今後は，たとえば，「図書館情報資源」は「図書館知識資源」に，「図書館情報学」は「図書館知識学」にといったように，呼称を変えていくことを考えていく必要があるかもしれない。

第2節　データ構造化の新しい動き

　前節で情報と知識の記録と利用にふれたが，利用しやすいように記録する方法の1つに「構造化」があげられる。あるいは，この構造化は「データを情報にするための意味づけ」「情報を知識とするための体系化」といってよいかもしれない。

社員番号	氏名	所属	年齢
131	山田太郎	総務課	32
145	佐藤花子	企画課	41

図 15-2　社員名簿の一例

a. 構造化の意義

　一般的に，図書に収められた文章は「章」「節」に分けられており，これにより「ひとまとまりの話題を単位とし，それらにつながりや上下関係がある」という構造を表わされている。話題の切れ目がはっきりし，読みやすい文章となる。

　もし，図15-2に示すような社員名簿が「社員番号131の者の氏名は山田太郎であり，所属は総務課，年齢は32歳。佐藤花子の社員番号は145で，企画課に所属しており年齢は41…」などと文章で書いてあると（構造化されていないと），社員番号を手がかりにある社員のデータを探したり，ある課に所属している社員を探したりといった作業に時間がかかってしまう。

　図15-2のような「表形式」による構造化は，直感的でデータを利用しやすくする。その証拠に，表形式でデータを保持するデータベース[4]である「リレーショナルデータベース」（relational database, RDB)[5]が考案されるとまたたく間に普及した。図書館の所蔵資料管理や企業の在庫管理のように，同じ型のデータを大量に管理する必要があるところで現在でも広く使用されている。

b. 新しい構造化の技法：XML

ところが，コンピュータに図書の全文を収めたり，インターネットでのやりとりが頻繁におこなわれたりするようになると，RDBの柔軟性のなさやデータ交換のやりにくさが欠点として指摘されるようになってきた。そこで，XML（Extensible Markup Language）が注目された。これはインターネット上の異なるコンピュータシステムの間でデータをやりとりするた

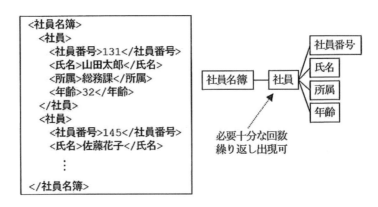

図 15-3 XMLによる社員名簿の記述例（左）と，要素の上下関係（右）
＜氏名＞は氏名データ（氏名要素）の開始を，＜／氏名＞は終了を示す記号で，これらを「タグ」という。社員名簿要素のなかには社員要素が，その中には複数の「子要素」があることがわかる。これらの関係を図示したものが右図である。

めに考案された「データ記述の決まり」である[6]。広い範囲の，多くのコンピュータシステムの間でデータをやりとりするために，コンピュータで扱いやすく，かつ人間にも読みやすい記述方法である。XMLによって記述したデータの一例を図15-3に示す。

c. XMLの特徴

XMLは以下のような特徴や長所をもつ。

① データ構造が柔軟である：XMLで表現できるデータ構造には階層をつくることができる。図15-3では，2段階の階層があるが，それ以上の任意の数の階層をつくることができる。また，「この要素はいくつでも出てきてよい」「この要素はなくてもよい」などと要素（個々のデータ）の出現規則を決めることができる。これらの特徴により，前述の「章」「節」の構造（表形式では表現しづらい構造）も無理なく表現でき，かつ，節をさらに細かく分けた「小節」を表現することもできる。なお，データ構造の仕様はDTDまたはXML Schema（スキーマ）によって示す[7]。

② そのまま読める：RDBの内容はDBMS[8]を介さないと人間が読むことができないが，XMLによるファイルは「テキスト形式」なので，特別なソフトウェアなしに読むことができる[9]。

③ DBMSに左右されずにデータをやり取りできる：RDBでは，同じデータをA社のDBMSとB社のDBMSで保存した場合，異なるファイルになる。これは情報の流通を阻害する。XMLはテキスト形式なのでそのままやり取りできる。

④ 「中身」と「見た目」が別：XMLはデータを構造化して記述するのみであり，どの要素を取り出してどのように見せるかはCSS（Cascading Style Sheets）やXSL（Extensible Stylesheet Language）といったスタイルシート言語によって記述されたスタイルシートを適用する。これにより，1つのXMLデータをさまざまに利用することができる。

一方で，XML には，冗長である，テキスト形式のためデータ量が多くなってしまう，という欠点もある。しかし，これら長所は欠点を補って余りあり，現在では「XML データベースソフトウェア」など多くの XML 関連ソフトウェアが開発され使用されている。また，XML は日本工業規格により JISX4159 として規格化されている。

d. 図書館における XML の利用

図書館に関することでは，以下のような XML の利用が実際におこなわれている。

① 書誌情報などを XML で記録する：図書館業務システム（本シリーズ第 2 巻第 5 章参照）において，蔵書ファイルや利用者ファイルを XML によって記述する。また，米国議会図書館（Library of Congress）は，マークデータを XML にもとづいて記述する MARCXML スキーマを策定し公開している[10]。

② データのやり取りを XML でおこなう：「国立国会図書館サーチ」（http://iss.ndl.go.jp/）は，Web サイトで検索をするサービスに加え，「XML による検索指示を決められた方法で送ると XML による検索結果を送り返し，受け取った側が自由に加工して利用できる」という「Web API」による情報提供もおこなっている[11]。

さらに XML はさまざまな業界でデータ蓄積および交換のために利用されており，そのための規格が多くつくられている[12]。これから図書館司書になろうとする者にとって，XML の知識は必須のものとなるといってよいだろう。

第3節　集合知の未来

第 13 章にて「（ウィキペディアのような）集合知の拡大が無制限に突き進む未来社会はどうなるのだろうか」と記した。ここでは集合知の「質」と「量」の面から，現状をもとに将来の予測を試みる。

a. 集合知の行く末

1 つ考えられるのは，増えすぎた集合知には魅力がなくなるということである。たとえば，音楽業界で過去にヒットした楽曲（みんなが好ましいと思う楽曲）を大量に分析するとある決まった要素が抽出できるという。その要素を取り込めば，ほぼ確実に新しいヒット曲を産み出すことができる。こうしたことを請け負うエージェントまで出現している。人間の嗜好は計算できるものなのだろうか。

どの国にも選挙があるが，出口調査，街頭調査，電話調査など，新聞・テレビなどのマスメディアは選挙結果の予測に汲々としている。事前に，確実な当選予測が出てしまうなら，自分が選挙に行って投票する意味が見いだせるのだろうか。人間の行動は計算できるものなのだろうか。

2 つ目は，増えすぎた集合知は役に立たなくなるということである。自然界にわずかに存在する希少金属を探しあてるため，各国がしのぎを削っている。その存在には偏りがあり，資源として利用できるか否かが国力を左右するような時代である。だが，地球には確実にある。全宇宙に

はもっとたくさんある。集合知が無制限に拡大するありさまはこれに似ていないか。もっとわかりやすくいうと，自分の知りたい知識は図書館の本のどこかに書かれている。その本は，町の図書館よりも確実に広大な国立図書館にある。でも，国立図書館は個人には大きすぎないだろうか。

クロード・シャノン（Claude Elwood Shannon, 1916-2001）流にいえばエントロピー（entropy）[13]の増大である。エントロピーが増大した世界は動かない。死んでいるのも同然である。なんでも書かれている百科事典は，実は，なんにも書かれていないに等しいのではないかという逆説すら感じてしまわないか。無秩序な状態を秩序立てるためには，膨大なエネルギーがいる。いずれ，なんらかの手立てを講じなければ，死んでいるのも同じにならないか。

考えてみれば，図書館は，無秩序に増え続ける本をコツコツと分類し，目録をつくり，秩序立てることに膨大なエネルギーを費やしてきた。集合知の世界にも，構造化したり，秩序立てたり，組織化したりといった，必要な動きが出てきているが，データの量が膨大であるため，コンピュータによる「自動的な構造化・組織化」が試みられている。

b. 意味を意識した集合知の構造化・組織化・検索

仮に「世界各国の通貨単位をもれなく知りたい」としよう。これをウィキペディアで調べようとすると，一国一国の記事（ウィキペディアのページ）にアクセスし，記されている通貨単位を拾っていかなければならない。これを，「国に関する記事のなかから『通貨単位』に関する部分を拾って一覧にする」という1回の検索でおこなうことができれば効率がよい。

これを可能にするためには，現在のウィキペディアに「『日本』の『通貨単位』は『円』である」「『日本』は『国家』である」といったような意味づけが必要である。膨大な Web ページにこのような意味情報を付加することによって，より高度な検索や推論ができるようにすることが提唱されており，このような仕組みを「セマンティック Web」という[14]。

セマンティック Web を実現するためには「『日本』の『通貨単位』は『円』である」における「通貨単位」にあたるもの（属性）として何を設ければよいかを考えて決める必要がある。たとえば「首都」「元首」などである。対象が「国家」以外であればまったく別の属性となる。しかし，ウィキペディアの多くの記事を見ながらこれを人力でおこなっていては時間と労力がかかる。そこで，これをコンピュータプログラムによって自動的に抽出する。さらに，抽出された言葉の間の上下関係や関連を定義する。これにより「『日本』は『国家』である」というような2つの言葉の関係も意味づけすることができる。このようにしてできあがった「概念とそれらのつながり」のことを「オントロジー」という[15]。オントロジーができれば，それをもとにウィキペディアから「AのBはCである」を拾ってきてデータベース化することにより，意味を意識した検索をおこなうことができる。このようにして，ウィキペディア（英語版）の「AのBはCである」を蓄積したデータベースが「DBpedia」（http://wiki.dbpedia.org/）であり，ウィキペディア日本語版をもとにしたものが「DBpedia Japanese」（http://ja.dbpedia.org/）である[16]。

セマンティック Web の手法やそれを支えるオントロジーの技術は，エントロピーの高い集合知を魅力的に，かつ役立つように利用する方法の1つである。今後も新しい技術が考案される可

能性がある。

c. 記憶装置の大容量化と低廉化

増え続ける集合知の「質」を意識した利用技術が考案されても，容れ物である記憶装置の容量が追いつかなければこれをいかすことができない。この「量」の問題は解決できるだろうか。

CDやDVDなどの光ディスクやハードディスク装置（hard disk drive, HDD），フラッシュメモリなどのメディアは，技術の進歩により大容量化がはかられ，また，広く使用されるにつれて低廉化が進んだ。この変化が同様に続くと仮定すれば，あまり心配しなくてもよいといえるだろう。以下，これらメディアの大容量化と低廉化の経緯を簡単にまとめる。

① 光ディスク

すべて直径12cmであるので大容量化（高密度化）の歴史がわかりやすい。表15-1に光ディスクの大容量化の歴史をまとめる[17]。また，図15-4は，BD-Rの店頭価格の調査結果をグラフにまとめたものである。8年で価格が10分の1以下に下がっている。

表15-1 光ディスクの発展

メディア	できごと	1枚の容量
CD-R	1989年発売	700MB
DVD-R	1997年発売	4.7GB（※1）
BD-R	2002年発売	25GB（※2）
UltraHD BD	2015年発売	66GB（2層）（※3）
HVD (Holographic Versatile Disc)	2005年業界団体設立	1TB
5次元DVD	2009年実験成功	10TB

※1…2層（9.4GB）あり
※2…2層（50GB），3層（100GB），4層（128GB）あり
※3…2016年現在は超高画質動画記録専用，3層（100GB）あり

② HDD

IBM社が1956（昭和31）年に世界初のHDDを開発した際，その記録密度は1平方インチあたり2キロビットだった。それが2003（平成15）年には1平方インチあたり100ギガビット（およそ5万倍），2013（平成25）年には600～700ギガビットとなった。あるHDDメーカは1平方インチあたり1テラビットを実現済みとのことである[18]。いかに「狭い面積に詰め込む技術」が発展しつづけているかがわかる。

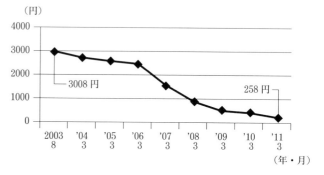

図15-4 BD-R（25GB）1枚売りの平均価格の推移
出典：ネットマガジン『AV Watch』
（http://av.watch.impress.co.jp/）の「DVDメディア価格調査」「Blu-rayメディア価格調査」より

③ フラッシュメモリ

私たちが日常使用するUSBメモリに内蔵されている記憶素子である。USBメモリは発売当初から現在同様手の親指ほどの大きさの製品が多い。表15-2に，最大容量とメガバイト単価

（1MB あたりの価格）の推移を示す[19]。劇的な大容量化および低廉化が進んでいることがわかる。近年，小型パソコンが SSD（Solid State disk，フラッシュメモリによる記憶装置）を HDD に代えて備えるようになり，これからも需要が伸びると予測される。需要が高まれば性能がよくなり価格が下がることは，一般論に照らし合わせて想像にかたくない。

表 15-2　USB メモリの最大容量とメガバイト単価の推移

時期	最大容量	MB 単価
2000（平成 12）年	128MB	100 円超
2007（平成 19）年	16GB	1.5 円程度
2014（平成 26）年	1TB	0.05 円程度

　以上 3 つのメディアの大容量化について述べたが，大容量化だけでなく高速化も進んでいる。HDD は回転数を上げることで読み書きの高速化が図られている。また，光ディスクは駆動装置（ハードウェア）とメディアともに「8 倍速」「16 倍速」などと高速化が進んでいる。

　ハードウェアやメディアそのものへの読み書きが高速化されても，検索が高速化されなければそのメリットは半減してしまう。検索高速化の一例として，サーチエンジン大手の Google は，データベースの索引ファイル[20]のつくり方に工夫を加えたり[21]，役割の異なる複数のコンピュータで仕事の量が均等になるように検索を分けて実行（分散処理）したり[22]といった方法で検索の高速化を図っている。そのほかにも，検索を実行するためのハードウェア（部品）の開発がおこなわれている。

　そもそも本書第 13 章第 5 節でふれた「ビッグデータ」が話題となるのは，膨大なデータを対象にした高速検索技術が開発され実用化されているからである。2016 年 8 月現在，ビッグデータについて著された多数の書籍が出版されているのみならず，ビッグデータという言葉をタイトルに冠した雑誌も発行されている。この点からも高速検索技術の展開がさかんにおこなわれていることがうかがえる。

設　問

(1)　本文中に「人間は記録を残す動物である」とあるが，このことを思わせる事例をいくつかあげ，900 字程度で説明しなさい。

(2)　「ウェアラブル端末」「Internet of Things」「スマートマシン」などの IT の新しい技術が図書館情報資源をどのように変えうるか，あなたの「夢」を語りなさい。

参考文献
1. 髙橋麻奈『やさしい XML 第 3 版』ソフトバンククリエイティブ，2009 年
2. J・スロウィッキー著，小髙尚子訳『「みんなの意見」は案外正しい』角川書店，2009 年

注）
1) 藤川正信『図書館情報学ハンドブック』丸善，1980 年，p.45。
2) 二村健「図書館情報学の外延と内包：藤川正信先生に賜ったご指導について」藤川正信先生を偲ぶ会『ある図書館情報学研究者の軌跡　藤川正信先生への追憶』非売品，2006 年，pp.54-55。
3) サーチエンジンの問題点の 1 つに，検索した結果に古い情報と新しい情報が混在し，どれが最新の知見かわかりにくいことがあげられる。図書館では，新しく加わった情報は明白に識別できる。

4) データベースの内部の仕組みについては本シリーズ第2巻『図書館情報技術論』第4章を参照のこと。

5) 正確にいうと，データ間の関係をもとにデータを構造化したものがRDBであり，「関係をもとにしたデータ構造化」をわかりやすく表現するために「表」が用いられている。

6) XMLの3つ目のアルファベット「L」はLanguage，つまり「言語」である。コンピュータの世界で「言語」というとプログラム言語が想起されがちであるが，XMLのような「マークアップ言語」は，プログラム言語のような「指示（命令）をするための言語」ではなく，データを書きつける際に個々のデータに意味づけを行う記号（Mark）の語彙集合とその使い方のセットである。本文中ではこれを「データ記述の決まり」と表現した。

7) DTDおよびXML Schemaは，XML文書において使用できる要素とその出現順序，出現回数を定義したもので，いうなれば，XML文書を記述する際のルールを明示するもの。それぞれ言語仕様があり，このような「構造の定義を記述する言語」をスキーマ言語という。

8) DBMS（Database Management System）とは，データベースへのデータの入力，データの修正と削除，データベースの検索などの要求を一手に引き受けるソフトウェアのこと。日本語では「データベース管理システム」と呼ぶ。RDBのDBMSをRDBMSということもある。本シリーズ第2巻『図書館情報技術論』第4章も参照のこと。

9) テキスト形式のファイルを読むためのソフトウェアは，多くのオペレーティングシステムに含まれている。

10) The Library of Congress, "MARCXML: MARC21 XML Schema", http://www.loc.gov/standards/marcxml/ （'16.9.12現在参照可）。

11) そのほか，全国の図書館の所蔵資料を一括で検索できる「カーリル」（http://calil.jp/）や，約200の出版社から成る団体「版元ドットコム」（http://www.hanmoto.com/）などでも同様のサービスをおこなっている。このWebAPIとは，人間ではなくコンピュータプログラムがWebサイトにアクセスし情報収集をできるよう情報提供側が準備するインタフェースであり，図書館や出版業界のみならずさまざまな分野のWebサイトでサービスがおこなわれている。「ウェブエイピーアイ」と読む。

12) 日本規格協会がまとめた「産業界におけるXML標準化への取り組み」を以下のWebページで閲覧できる：http://data.jsa.or.jp/stdz/instac/committee/xml-teigen/teigen-a.htm （'16.9.12現在参照可）。

13) entropyとは，熱力学の分野でエネルギー変換（熱エネルギーから運動エネルギー，あるいは，その逆）の際の不可逆性を表す言葉として用いられた。たとえば，蒸気機関は熱平衡の状態では動きが止まってしまう（これを熱的な死という）。この言葉は，シャノンによって，情報分野の無秩序性を表すものとして再認識された。すなわち，無秩序な状態⇒エントロピーが大きい，秩序立っている状態⇒エントロピーが小さいという。

14) 來村徳信編著『オントロジーの普及と利用』オーム社，2012年，p.14。

15) 前掲，pp.1-12。

16) 前掲，pp.54-7。

17) 5次元DVDについては以下による：'5D' storage could hold 2,000 times more than 1 DVD. May 22 2009, "CBCnews", http://www.cbc.ca/news/technology/5d-storage-could-hold-2-000-times-more-than-1-dvd-1.821164 （'16.9.12現在参照可）。

18) 「HDD新時代，10年ぶりに新技術が登場」『電子デバイス産業新聞』2013年11月1日付，http://www.sangyo-times.jp/article.aspx?ID=831 （'16.9.12現在参照可）。

19) USBメモリのMB単価の一部は，2007年におこなわれた半導体メモリの技術に関する会合「Memcon Tokyo 2007」でのLane Masonの半導体メモリ市場に関する発表の提示資料による：http://pc.watch.impress.co.jp/docs/2007/1120/mct.htm （'16.9.12現在参照可）。

20) 索引ファイルについては，本シリーズ第2巻『図書館情報技術論』第4章第4節を参照。

21) 西田圭介『Googleを支える技術』技術評論社，2008年，pp.13-19。

22) 前掲，pp.53-54。

巻末資料

資料1　米国における代表的な図書選択理論　　　　　　　　（第8章関連）

藤田岳久・二村健　作成（参照：河井弘志『アメリカにおける図書選択論の学説史的研究』日本図書館協会，1987年）

論者	発表時期（西暦）	その主張・提案・試案など
カトラー Mary Salome Cutler （1855-1921）	1895	図書の専門家である図書館員ではなく「図書を知りつつ素人の興味を理解できる者」が，多くの利用者に読まれる図書を，書評専門誌などを参考にして選択すべきであると主張。さらに，それによって地域社会の人々の生活が発展充実することが大切であると述べた。「多くの利用者に読まれる図書」とは，医学や法律などの専門書ではないものという意味。
アンドルーズ Elizabeth P. Andrews	1897	「適書を適所に」が価値ある図書選択である，と述べた。歴史・伝記・児童書・フィクション・社会科学などの主題やタイプごとに，その特性やニーズを講じ，それぞれの選択基準を示した。
カッター Charles Ammi Cutter （1837-1903）	1901	良書（best book）の概念は相対的であり，読者によって良書は異なり，普遍的な良書というものは存在せず，図書選択に王道はないとする考え。図書館が収集すべきは，利用者の要求を満足させるための良書であると説いた。
ブレット William Howard Brett （1846-1918）	1902	さまざまな主題の蔵書の数の間に適切な比率を維持すべきであるとする考え。この比率は主題の重要性および要求をもとにして決定されるべきであり，価値ある図書に対するわずかな要求は，価値のより少ない図書に対する多くの要求と同程度に重視されねばならない。図書館員は地域社会の監督者，教育者であり，利用者の要求を無条件に受容する安易な図書選択はすべきでないとも述べている。
デイナ John Cotton Dana （1856-1929）	1903	フィクションのよしあしを論ずるのではなく，図書館員はフィクションを含めた図書全般の選択について，地域の上層市民（エリート層や有識者層）の要求に注意を払いながら，毅然たる価値観をもって「必要とされる図書」を提供すべきであるとする考え。上層市民を平均的読者とみなすことで，要求にも配慮しつつ価値のある，主題間バランスのとれた蔵書を構築できると考えた。これにより図書館の教育的機能が保たれ，住民のニーズに合った図書館となる。
ボストウィック Arthur Elmore Bostwick （1860-1942）	1908	利用者の要求（demand）を聞きつつニーズ（needs）を自覚させ，それらの一致を測るのが図書館の役目であるという考え。選択すべき良書は，その図書自身の特性ではなくニーズがあるか否かによって決まる。つまり，図書の価値は要求（と一致したニーズ）を基にした概念である。また，有害図書は図書館員の手で排除されるべきであるとも述べている。
バスコム Elva L. Bascom （1870-1944）	1922	図書館は教育機関であるという考えにもとづき，図書選択方法の規定要因を図書と読者の2つに収斂させた。図書については書評専門誌を基本としながらも，最終的には主体的判断により「価値ある良書」を選択すべきであると説いた。読者については利用者だけでなく全住民を対象とみなし，地域社会を研究し，要求とニーズを比較することが必要と説いた。また，全分野のバランス（配分比率）のよい蔵書を構成することにも配慮すべきと論じた。図書のタイプ別検定基準（購入の是非を判定する基準）を設けることを提案し，実際に図書を3つのタイプに分け，それぞれに検定基準の案を提示している。
マッコルヴィン Lionel Roy McColvin （1896-1976）	1925	読者と図書の関係を「需要と供給」の関係に置き換えて論じ，読者の興味をひくであろうと予測される図書を多く「供給」することで，「需要」すなわち要求を増やすという方法を提案。また，その際の図書選択にあたっては「価値と要求」が最も基本的な要素ととらえたが，彼のいう「価値」とは，利用者の要求の価値を示す。つまり，図書そのものが価値をもっているのではなく，要求を充足できる図書が住民にとって価値あるものである，とする考え。よって，価値と要求は対立する概念ではない。具体的な選書方法については，（要求の）価値に要求の量を乗じた「表出指数」に基づくという方法を提案したが，価値の測定方法は示していない。要求の量は図書のリクエストやレファレンスサービスによっ

米国における代表的な図書選択理論

		て測れるとした。
ドルァリー Francis K. W. Drury (1878-1954)	1928	マッコルヴィンの考えをおおよそ継承しつつも，図書の価値はマッコルヴィンの考えとは異なり「その図書の属性によって決まる」と述べた。利用予測については「誰がどういう条件下でその図書を利用するのか」を把握する必要があるとし，利用者と図書と図書館のタイプという3つの観点からおこなうべきと説いた。図書のタイプを「知識の書」「文学の書」に大別し，前者は主題により，後者は形式により下位区分し，個々に評価基準を求めようとした。また「図書館のタイプ」とは，公共図書館や学校図書館，専門図書館の別のことを指す。利用者のタイプを知るために，統計を用いたり図書館自ら調査をおこなったりして「地域性」を把握する方法を提案した。以上を総合し，「お金と時間を惜しまず，適書を適者に適時に」と主張した。
バウァーマン George Franklin Bowerman (1868-1960)	1930	地域住民の要求を充足し，社会的承認の得られる「合法的」な図書を選択することが重要であり，また，図書館は地域住民の教養の有無や貧富の差，老若男女の比率などの「住民構造」を研究し，それに合わせた蔵書構成をすべきであると説いた。さらに，図書の類型別に選択の基準を設けることを提案し，試案として図書を大きく3つの類型に分け，それぞれに簡単な選択基準を示した。図書館は住民に親しまれると同時に尊敬の対象でもなければならないので，尊敬される状態を保つために要求の拒否をすることもありうる，とも述べている。
ウェイプルズ Douglas Waples (1893-1978)	1931	利用者の属性と「主題に対する興味」の関連，および，主題興味と読書行動との関連を調査した。その結果，前者については主題興味を規定しうる利用者属性があることを客観的に見つけた（これは他学問分野で既に先行研究がある）。後者については「主題興味と読書行動は必ずしも一致せず，ある主題に興味をもつ者は，その主題の図書が手に入れやすく（つまり，図書館に所蔵されており），かつそれが読みやすければ，実際の読書行動を起こす」という，これまでにない論を立てた。主題への興味という「要求論」と，図書の読みやすさという「価値論」の両方にかかわっている。
ヘインズ Helen E. Haines (1872-1961)	1935	書評家としての豊富な文献知識をもとにした，図書の価値を測定するための観点を提案。図書の主題ごとに価値測定のための観点を定めた。また，フィクションについて，ノンフィクションへ利用者をいざなうものであるとし，その価値を評価した。一方，公共図書館は住民の欲求や好みに合う図書を供給すべきとし，利用者個人にも大衆にも目を向けた要求の吸い上げが必要であると論じた。これら要求と価値は，図書選択の際の共存可能な独立した二因子であるとし，ある要求を価値ある図書でも価値の低い図書でも充足できると説いた。
カーノフスキー Leon Carnovsky (1903-1975)	1937	これまでの要求論に対し，「住民がつまらないものを要求すれば蔵書の質が下がってしまう」と主張。「真実ではないものを普及させてしまう」「要求がなければ真実を提供しないことになる」「住民の独断偏見によって図書選択がおこなわれてしまう」と批判した。図書館員が確かな目で図書の価値判断をおこない，「真実の記された価値の高い図書」によって「よく教育された少数の住民が利用することを期待する」とし，利用者減少はやむなしとした。また，ウェイプルズの成果を受け継いで研究をおこなった結果，「読書興味（主題のみならず著者や装丁によって読書に興味をもつこと）」「入手のしやすさ」「読みやすさ」「出版社や書店の広告」「内容の信頼度や著者の知名度など」の5つの因子により読書行動がひき起こされると論じた。
ウェラード James Howard Wellard (1909-1987)	1937	図書選択は図書の価値によっておこなわれるべきだが，図書そのものがもつ本質的価値（文献的基準）と，地域および読者がその図書をどう受け取るかという付随的価値（社会・心理学的基準）があり，さらに，図書館が図書選択においてこの2つの価値のうちどちらを基準として選択するか（管理的基準）という，3つの価値基準によっておこなわれるべきと説いた。さらに，3つの基準それぞれに「タイプ」を把握することが重要と述べている。従来の「経験にもとづく図書選択」に対抗する，科学的方法といえる。
タウベ Mortimer Taube (1910-1965)	1941	図書の価値を測るための基準の一案を論じた。書評家などによる評価による「批評的価値」，研究図書館においては内容のよしあしにかかわらず研究資料として役立つものに価値があるとする「文献資料価値」，価格や希少性に着目する「貨幣的価値」などを含む，5つの価値評価基準を提案した。
ゴルドホア Herbert Goldhor	1942	ウェラードの考えに立脚しつつ，図書館の目的を「用具的効果」（情報サービスをおこなう），「休息効果」（レクリエーションを提供する），「促進効果」（読者に自信を深めさせ

（1917-2011）		る）の３つとし，読者の興味を充足する図書ではなく，読者が求める（３つのうちのいずれかの）効果を充足するにふさわしい図書を選択せよと主張している。長く続いた「興味理論」からの離脱がみられる。
フィニィ Eleanor Phinney	1955	ウェラードやゴルドホアと同様「図書の価値」「ある図書の読者にとっての意味性」「図書館の目的」の３つが図書の価値を決めると説いた。なかでも「図書の価値」については，「著者が著作の目的をどの程度実現できたか」を評価観点とするという新たな提案をおこなった。「価値」を念頭においた図書選択理論であり，要求論には否定的である。
パトナム Miriam Putnam （1904-1996）	1955	利用者の要求を受け入れつつも，図書館員は利用者に対して指導的役割をもつべきだと論じた。そのために図書館員は，顕示要求を充足し，隠れたニーズや図書館非利用者のニーズを探り，未来のニーズを予測して資料を提供すべきとした。ただし，ここでいう「利用者」とは，「民主主義社会における，啓蒙された市民」を前提としている。
ビクスラー Paul Bixler	1955	朝鮮戦争のさなか，反米的資料を図書館から排除せよという外的圧力が強くなり，図書館員が図書のよしあしを判断して購入拒否をするのは検閲行為であるという考えが広がったが，これに対し彼は，このような中傷こそが検閲行為であり，公正かつ合理的な選択に対する圧力であると論じた。これを受け，米国図書館界は，要求とは時に圧力になりうる「大きな声」であり，ニーズはこれに含まれていないことを認識し，圧力に屈せず図書選択をおこなうためには，各館が「図書選択方針」を制定することが必要であるという共通認識をもった。
ネスビット Elizabeth Nesbitt （1897-1977）	1956	図書選択という課題に含まれる「蔵書構成」について，計画に従ってつくられた「構造物」であり，図書館の目的を達するために役立つ構造をもっているものであると論じた。また，独立した図書と蔵書構成の一要素としての図書は，異なる意味をもつと説いた。
ダウンズ Robert B. Downs （1903-1991）	1956	蔵書構成は時間とともに変動し，その背景には，文化や社会の変動，出版事情，読者の好みの変化，資料種別の増大などがある，とした。また，速報性が必要な科学技術分野は逐次刊行物が多くなり，系統性が求められる言語学などの分野では図書が中心となるという，おおまかな「図書選択や蔵書構成における分野別資料形態論」を述べた。
カッシュマン Jerome Cushman	1956	図書館員は住民社会のもつさまざまな側面を観察して蔵書構成に反映させていかなければならないとした。とくに住民社会や個人のニーズと，実際の蔵書との間のバランスを重視すべきと述べた。さらに，これまで唱えられてきた「蔵書の実用的価値」「蔵書の効用」を受け入れず，「文化的価値」を図書選択の基準とするべきと述べた。フィスク（後述）が図書館員と利用者との対立を問題視したのに対し，彼は「異端は将来の標準になりうる」と考え，両者の一致こそ問題だとした。
ブリガム Harold F. Brigham （1897-1971）	1956	図書館協力を図書選択論にもち込んだ。州や郡などの自治体内での図書館相互協力（現在でいう図書館間相互貸借など）の体制確立や保存図書館の設置を前提とした，自治体全体での図書選択や蔵書構成を提案した。
フィスク Marjorie Fiske （1914-1992）	1958	図書館員の意識調査をおこない，その結果をもとに図書選択の実態分析をおこなった。図書館員は外部圧力に惑わされず図書を提供する知的自由の原則（すなわち「価値論」）を信じているが，実際には問題の起こりそうな図書の購入を控える（すなわち「要求論」）などの，用心深く，理論と実際に矛盾のある行動をとっていたことがわかった。彼はこれを，図書選択の考えはその時の社会情勢に対応して変化発展する柔軟性をもっているべきだが，実際には図書館は保守的であるため，一時代前の考え方で現在の社会に対応しようとしてしまっている，と説明した。さらに，図書館員は外的圧力を恐怖と感じているわけではなく，自分を矮小化してしまい自分の判断が信じられなくなることにより「圧力に屈している」という感覚をもつ，という心理学的分析をした。この分析を図書選択に役立たせるため，図書館員の行動パターンを5つに類型化した。
パーソンズ Talcott Parsons （1902-1979）	1958	図書館員は住民から公共財産を管理する責任を信託されており，蔵書が公共財産たらんとするためには質の高い価値あるものでなければならない，すなわち図書館員は図書の管理人ではなく「図書館の質の管理人」である，と説いた。一方で，社会の変化により，ほかの市民同様図書館員も組織から脱落するかもしれないという危機意識をもち，これが無力感や矮小感をもつ原因になっていると述べ，フィスクの論を補強した。
カーターとボンク Mary Duncan	1959	1959 年に出版した蔵書構成の教科書において，これまでのさまざまな図書選択論や蔵書構成論を紹介し，あえて自分たちの見解は示さず，図書館学を学ぶ学生がこれをもとにし

米国における代表的な図書選択理論

Carter (1896-?) & Wallace John Bonk (1923-)		た討論を通じて，状況に応じて正しい原理を探り当てられるようになることを望んだ。「状況」とは，各図書館とその利用者との関係を指す。一貫した理論を求めることが無意味であることを暗に述べている。
デントン Joseph Periam Danton (1908-2002)	1963	ドイツと米国の大学図書館を比較した上で，図書選択の一般的方法を導き出そうと試みた。米国の新刊書中心主義のほうが最終的に「高い買い物」にならずに済む，図書館は利用者に必要な図書を利用者以上に知るべきなので米国の「ニーズ論」を採用すべき，研究活動のためにはドイツの「主題司書制」が理想的である，などの結論を導いた。
ライス Leonard W. Rice	1971	1960年代の米国ではさまざまな社会問題に対して賛否両論が起き，互いに否定しあった。そのような状況で図書館は「判断の手がかりを与えてくれる施設」と認識され，多くの要求が寄せられ，図書館員はニーズを察知して図書選択をするなどとはいっておられず，多くの要求を整理する調整役となったと，社会と図書館との関わりを分析。これにより，一定の基準で図書選択をおこなうことができなくなり，価値論を貫く条件が失われたと論じた。
リッグス Neil R. Riggs	1971	前衛作家の著す新しい型の文学作品を評価するために「文献」「地域社会」「時代の動向」の3要素を評価基準として提案した。ウェラードのあげた3要素のうち「図書館（管理的基準）」を「時代の動向」に替えたものといえる。さらに，個々の図書の選択基準として「図書の内容」「著者の意図」「図書が読者（の要求や目的）に対してもつ相対的価値」の3要素をあげた。

資料2　収集方針と選択基準（第9章関連）

ここには以下の3点の資料を収める。
①大阪府立中央図書館資料収集方針
②大阪府立中之島図書館資料収集方針
③旧大阪府立図書館夕陽丘図書館「児童書資料（作品類）選択基準」

　①と②により，同じ大阪府立図書館であっても図書館ごとに収集方針が定められていることがわかる。③の大阪府立夕陽丘図書館は1974年に開館，府立中央図書館の完成にともない1996年3月31日に閉館・廃止された。本資料は選択基準がつくられる原形として好例である。

○大阪府立中央図書館資料収集方針

　平成8年5月10日制定　平成26年4月1日改訂

　大阪府立中央図書館は，大阪府立中之島図書館と相まって本府の中核的公共図書館として資料保存機能と府域市町村図書館支援機能を重視するとともに，府民の調査研究，教養の向上等に資する資料を次の方針により収集するものとする。なお収集にあたっては印刷物，非印刷物を問わず最適な媒体を選択し，提供する。

1. 図書
　(1) 新刊図書
　　　全分野にわたり，基礎的なものから専門的なものまで，幅広く収集する。
　(2) 既刊図書
　　　明治以降の出版物のうち，館の機能を果たす上で必要なものを収集する。

　(3) 参考図書
　　　レファレンス業務の充実を図るため，参考図書類を鋭意収集する。
　(4) 行政資料
　　　行政資料については，関係機関の協力を得て積極的に収集する。
　(5) 児童図書
　　　幼児，児童および研究者の利用に供するため内外の児童図書を網羅的に収集する。
　(6) 外国語図書
　　　基本的な参考図書，各分野の基礎的図書，国際化に向けて多文化を理解する上で必要な国内外で発行される図書を収集する。
2. 新聞・雑誌
　(1) 新聞
　　　時事に関する資料として利用価値のあるものを収集する。また，永年保存の価値のあるものについては，継続収集する。
　(2) 雑誌
　　　各分野の基本的な雑誌，調査研究に資する学術的な雑誌を収集する。また，永年保存の価値のあるものについては，継続収集する。
3. 非印刷資料
　(1) 電子資料
　　電子資料は1．2．に準じて収集する。
　　ア．パッケージ系電子資料
　　　　CD／DVD-ROM，（マルチメディア）DAISY等によって刊行される資料を収集する。
　　イ．ネットワーク系電子資料
　　　　大阪府及び関係機関が作成し，提供する行政資料を収集する。
　　　　また商用オンラインデータベース等について

は公共図書館向けのものを導入する。
(2) マイクロフォーム資料
　図書の形態で入手できないものや，利用と保存の上で効率的なものは，マイクロフィルム等のマイクロフォーム形態で刊行される資料を収集する。
(3) 録音・映像資料
　録音資料（CD 等）および映像資料（DVD 等）は，障がい者対応仕様のものを中心に，厳選して収集する。

○大阪府立中之島図書館資料収集方針
　平成 8 年 5 月 10 日施行　平成 26 年 6 月 9 日改定

　大阪府立中之島図書館は，郷土大阪に関する資料センター及び近世を中心とする和漢書センターとしての大阪・古典籍サービス機能，並びにビジネス活動やキャリアアップに向けた学びの活動等に必要な情報の提供と支援を行うビジネス支援サービス機能という柱を支えるために以下の方針に添って資料の収集を行う。

1. 地域資料および和漢書センターとしての機能を果たすための資料収集
　開館以来，購入および数多くの寄贈や寄託により収集に努めてきた資料の蓄積を基盤とし，稀覯本を含め，資料形態を問わず広く大阪関係の資料を収集する。
(1) 地域資料
　大阪地域に関する全分野の資料を，新刊書・既刊書の別なく，広範囲な視点で積極的に収集するとともに，近年散逸しつつある古文書，とりわけ近世文書の収集にも留意する。
　また，逐次刊行物については，一般郷土紙・誌はもとより，専門的なものも含めて収集する。
(2) 郷土作家に関する資料
　郷土人，とりわけ大阪に縁の深い作家についての作品並びに研究書を，新刊書・既刊書を問わず収集する。
(3) 行政資料
　大阪府及び関係機関が刊行する行政資料等については，網羅的に収集する。
　また，府内市町村が発行する刊行物，その他在阪官庁が発行する刊行物についても基礎的資料を中心に収集する。
(4) 古典籍
　大阪関係のものを中心に，内容的にも書誌的にも優れた和漢の古典籍を収集し，開館以来蓄積してきた古典籍の蔵書を一層充実させるように努める。
(5) 関連資料
　大阪関連および当館所蔵の古典籍に関連する日本・中国・朝鮮の歴史・文化史，古典文学，風俗，治，経済史の研究書等の収集に努める。
　また，古典文学・歴史資料の翻刻・複製書については，当館所蔵資料に関連するものを中心に収集する。
2. ビジネス支援サービス機能を果たすための資料収集
　ビジネス支援に必要とされる図書，雑誌，新聞，デジタル媒体等の資料を収集すると共に，各種ビジネス関係機関の寄贈資料を受入れる。
(1) 図書並びに雑誌，新聞の収集
　ビジネス関係資料のうち，実務資料を中心に収集する。
(2) 参考資料の収
　辞典，年鑑，統計等ビジネス関係の参考資料を収集する。
(3) 大阪に関係するビジネス資料の収集
　大阪及び関西のビジネスに関する資料を収集する。
(4) 海外ビジネスに関する資料の収集
　海外特にアジア諸国の経済，商業等外国とのビジネスに必要となる資料を収集する。
(5) 官公庁及び関係機関の資料の収集
　官公庁及び関係機関の出版物のうちビジネス関係資料を収集する。
(6) デジタル媒体資料の収集
　CD-ROM 等，デジタル媒体のビジネス関係資料を収集する。　オンラインによる各種データベースの活用をおこなう。
附則
　この資料収集方針は平成 16 年 4 月 1 日より施行する。
附則
　この資料収集方針は平成 26 年 6 月 10 日より施行する。

○旧大阪府立図書館夕陽丘図書館「児童書資料（作品類）選択基準」

出典：「児童書資料（作品類）選択基準」の紹介より引用 https://www.library.pref.osaka.jp/central/harappa/2010yuhi.html（'16.8.31 現在参照可）

　ここでは，職員と住民の運動によってできた夕陽丘図書館児童室（1975（昭和 50）年 7 月開室）で使われていた「児童書資料（作品類）選択基準」の紹介をおこなう。
　この基準は 1976（昭和 51）年 9 月に制定され，1981（昭和 56）年 4 月に改正されたもので，府立中央図書館の現在の選択基準の児童書部分は，これに基づき作成されたものである。

作られてから30年くらい経過しているため，AV資料など新しいメディア媒体には触れられていないが，児童書を選ぶ基本的な部分では変わっていないので，児童サービスに携わる人たちの参考になればと思い，この機会に"はらっぱ"に掲載することにした。

　大阪府立図書館で，はじめて児童への直接サービスを開始した当時の関係者の熱意も，一緒に伝わればと思う。

児童書資料（作品類）選択基準

大阪府立夕陽丘図書館資料収集方針にもとづき，児童書資料選択基準を次のとおり定める。

Ⅰ　児童室用資料
　児童室での直接サービスのために，幼児，児童の知識や経験，そして感情を豊かにし得る資料を選択する。

1　絵本
　留意事項
　・絵がストーリーを語っているか。
　・絵と文が一体化しているか。
　・絵およびストーリーが幼児，児童にふさわしいものであるか。
　・絵が見るものに訴えかけるものをもっているか。
　・リズミカルでわかりやすいことばを用いているか。
　・絵，写真などの構図ははっきりしているか。
　・活字の大きさは読みやすいか。

2　昔話，民話，伝説
　留意事項
　・原話の持ち味を生かして再話しているか。
　・原話の背景となっているそれぞれの国や民族の文化を伝えているか。
　・昔話は語り口など形式をふまえたものか。

3　童謡，詩
　留意事項
　・創造性に富み，児童の詩的感性に訴えるものか。
　・児童自身が，詩のことばを楽しみ，自らのことばで詩的世界を拡げられるものか。

4　歴史，地理，社会
　留意事項
　・記述，写真，図表は，正確でその典拠は明示されているか。
　・歴史的事実に対してどのような観点で記述しているか。
　・年表，索引などに工夫がみられ，使いやすいか。
　・専門家によって書かれたものか。
　・郷土資料については，成人用図書の中から児童が読みとれるものを選択する。

5　伝記
　留意事項
　・被伝者の生活の全面が，欠点をも含めて，人間的に描かれているか。
　・生涯史となっているか。

　・被伝者の行動等が，歴史的・社会的背景の中で描かれているか。
　・記述は正確か，また文献等による考証はされているか。

6　科学読物
　留意事項
　・事実を正確にとらえているか。
　・結果だけでなく，その過程や考え方を重視しているか。
　・専門用語の解説はあるか。
　・科学者によって書かれたものか。
　・写真・図版・グラフ・表などは，明瞭な色彩・内容で児童の理解を助けるものであるか。

7　童話・児童文学
　留意事項
　・創造性・文学性に富んだ作品で，読みやすい文体のものであるか。
　・作品中の人物は生き生きと描かれ，その行動は児童の共感を得るものであるか。
　・古典として，既に評価を受けているものについては，原文に忠実であるか。また原著についての解説が付されているか。
　・翻訳作品については，原文の意味を正確に伝え，日本語として原文の持ち味が損なわれることなく表現されているか。

8　記録・ルポルタージュ
　留意事項
　・事実とその背景を正しくとらえているか。
　・文学性に富むものか。

9　趣味・実用書
　留意事項
　・写真・図版は正確で，解説はわかりやすいか。
　・安全のための注意が払われているか。
　・児童書として出版されていない分野については，成人図書の中から児童が読みとれるものを選択する。

10　基本参考図書
　留意事項
　・児童の学習に必要な項目が充分に用意されているか。また項目の編集は内容に適しているか。
　・目次・索引は工夫され使いやすいか。
　・記述・写真・図表は正確で，その典拠やデータなどが明示されているか。
　・改訂，増補が適切になされているか。
　・分野によっては，成人図書の中から児童が読み取れるものを選択する。

11　紙芝居
　留意事項
　・幼児や児童が本を読むことの楽しさを集団で体験できる内容であるか。
　・線と色彩のはっきりした絵で，ドラマチックな展

開がみられるか。
- その他は，絵本の留意事項に準ずる。

12　マンガ

留意事項

- マンガでしか味わえない独自の世界を表現しているか。
- 児童にユーモアや楽しさを与えるものであるか。
- 絵およびストーリーは，児童に適した内容か。
- ことばは，正しく用いられているか。
- 作品中の人物の行動は，児童の共感を得るものであるか。
- 特定の民族や国民，あるいは職業について偏った描き方をしていないか。
- 学習マンガについては，それぞれの主題について，類書と比較して優れているか。

Ⅱ　研究用資料

1　研究用児童書

　児童室の排架対象とならない中高生向きの図書，および前号Ⅰ児童室用資料の選択基準からはずれるものであっても，一般に児童書と見なされ研究資料として必要と認められるものは，これを選択する。

2　全集，叢書類

　研究資料として必要と認められる全集，叢書類（含個人全集）は，これを選択する。

3　復刻本

　資料的価値が高く，その原本を所蔵していない場合は，これを選択する。

4　外国図書（含絵本）

　資料的価値が高く，児童書研究に必要と認められるもの，特に各種絵本賞，児童文学賞受賞作品については選択に留意する。

5　マンガ

　児童文化の研究資料として，必要と認められる範囲において，これを選択する。

6　その他

　新聞・雑誌などのうち，児童文化に深く関わりがあり，研究上必要と認められるものは，これを選択する。

Ⅲ　一般的留意事項

1　著者（訳者・編者・監修者）

- 過去に評価を受けた著作があるか。それらと比較しての評価はどうか。
- 新しい著者の場合，児童書に対する創作姿勢はどうか。

2　出版社

- 過去に児童書を出版しているか，またはそれらは評価されているか。
- 児童書出版に対する姿勢はどうか。

3　表現

- 児童の発達段階に適した表現か。
- 漢字，かな使いが適正になされているか。

4　形態

- 装丁が優れており，大きさも適当であるか。また内容にふさわしい装丁か。
- 造本は耐久性があるか。
- 印刷は鮮明で，活字の大きさ，行間の余白は適当であるか。

5　その他

- 選択にあたっては，児童書研究者の発表したブックリストを参考にするとともに，他の書評紙誌等の評価も参考にする。
- 新刊書のみに止まらず，児童書としての基本的図書が欠けることがないよう選択に留意する。

資料3 　　平成 28 年度科学研究費助成事業　系・分野・分科・細目表（抄）　　（第 10 章関連）

　本資料は，科学研究費助成事業の運営主体の 1 つである独立行政法人日本学術振興会が発表した資料から，第 10 章で言及している人文社会系系分野を抜粋したものである。表全体は，https://www.jsps.go.jp/j-grantsinaid/03_keikaku/data/h28/h28_koubo_06.pdf（'16.9.12 現在参照可）から得ることができる。また，日本学術振興会の Web サイトにて，毎年度新しいものが発表される。

系	分野	分　科	細　目　名
人文社会系	総合人文社会	地域研究	地域研究
		ジェンダー	ジェンダー
		観光学	観光学
	人文学	哲　学	哲学・倫理学
			中国哲学・印度哲学・仏教学
			宗教学
			思想史
		芸術学	美学・芸術諸学
			美術史
			芸術一般
		文　学	日本文学
			英米・英語圏文学
			ヨーロッパ文学
			中国文学
			文学一般
		言語学	言語学
			日本語学
			英語学
			日本語教育
			外国語教育
		史　学	史学一般
			日本史
			アジア史・アフリカ史
			ヨーロッパ史・アメリカ史
			考古学
		人文地理学	人文地理学
		文化人類学	文化人類学・民俗学

系	分野	分　科	細　目　名
人文社会系	社会科学	法　学	基礎法学
			公法学
			国際法学
			社会法学
			刑事法学
			民事法学
			新領域法学
		政治学	政治学
			国際関係論
		経済学	理論経済学
			経済学説・経済思想
			経済統計
			経済政策
			財政・公共経済
			金融・ファイナンス
			経済史
		経営学	経営学
			商学
			会計学
		社会学	社会学
			社会福祉学
		心理学	社会心理学
			教育心理学
			臨床心理学
			実験心理学
		教育学	教育学
			教育社会学
			教科教育学
			特別支援教育

資料4　科学技術基本法　（第11章関連）

（平成7年11月15日法律第130号）
最終改正：平成26年5月1日法律第31号

第1章　総則（第1条‐第8条）
第2章　科学技術基本計画（第9条）
第3章　研究開発の推進等（第10条‐第17条）
第4章　国際的な交流等の推進（第18条）
第5章　科学技術に関する学習の振興等（第19条）
附則

第1章　総則

（目的）
第1条　この法律は，科学技術（人文科学のみに係る
　ものを除く。以下同じ。）の振興に関する施策の基
　本となる事項を定め，科学技術の振興に関する施策
　を総合的かつ計画的に推進することにより，我が国
　における科学技術の水準の向上を図り，もって我が
　国の経済社会の発展と国民の福祉の向上に寄与する
　とともに世界の科学技術の進歩と人類社会の持続的
　な発展に貢献することを目的とする。
（科学技術の振興に関する方針）
第2条　科学技術の振興は，科学技術が我が国及び人
　類社会の将来の発展のための基盤であり，科学技術
　に係る知識の集積が人類にとっての知的資産である
　ことにかんがみ，研究者及び技術者（以下「研究者
　等」という。）の創造性が十分に発揮されることを
　旨として，人間の生活，社会及び自然との調和を図
　りつつ，積極的に行われなければならない。
2　科学技術の振興に当たっては，広範な分野におけ
　る均衡のとれた研究開発能力の涵養，基礎研究，応
　用研究及び開発研究の調和のとれた発展並びに国の
　試験研究機関，大学（大学院を含む。以下同じ。），
　民間等の有機的な連携について配慮されなければな
　らず，また，自然科学と人文科学との相互のかかわ
　り合いが科学技術の進歩にとって重要であることに
　かんがみ，両者の調和のとれた発展について留意さ
　れなければならない。
（国の責務）
第3条　国は，科学技術の振興に関する総合的な施策
　を策定し，及びこれを実施する責務を有する。
（地方公共団体の責務）
第4条　地方公共団体は，科学技術の振興に関し，国
　の施策に準じた施策及びその地方公共団体の区域の
　特性を生かした自主的な施策を策定し，及びこれを
　実施する責務を有する。
（国及び地方公共団体の施策の策定等に当たっての配
慮）
第5条　国及び地方公共団体は，科学技術の振興に関

する施策を策定し，及びこれを実施するに当たって
は，基礎研究が新しい現象の発見及び解明並びに独
創的な新技術の創出等をもたらすものであること，
その成果の見通しを当初から立てることが難しく，
また，その成果が実用化に必ずしも結び付くもので
はないこと等の性質を有するものであることにかん
がみ，基礎研究の推進において国及び地方公共団体
が果たす役割の重要性に配慮しなければならない。
（大学等に係る施策における配慮）
第6条　国及び地方公共団体は，科学技術の振興に関
　する施策で大学及び大学共同利用機関（以下「大学
　等」という。）に係るものを策定し，及びこれを実
　施するに当たっては，大学等における研究活動の活
　性化を図るよう努めるとともに，研究者等の自主性
　の尊重その他の大学等における研究の特性に配慮し
　なければならない。
（法制上の措置等）
第7条　政府は，科学技術の振興に関する施策を実施
　するため必要な法制上，財政上又は金融上の措置そ
　の他の措置を講じなければならない。
（年次報告）
第8条　政府は，毎年，国会に，政府が科学技術の振
　興に関して講じた施策に関する報告書を提出しなけ
　ればならない。

第2章　科学技術基本計画

第9条　政府は，科学技術の振興に関する施策の総合
　的かつ計画的な推進を図るため，科学技術の振興に
　関する基本的な計画（以下「科学技術基本計画」と
　いう。）を策定しなければならない。
2　科学技術基本計画は，次に掲げる事項について定
　めるものとする。
　一　研究開発（基礎研究，応用研究及び開発研究を
　　いい，技術の開発を含む。以下同じ。）の推進に
　　関する総合的な方針
　二　研究施設及び研究設備（以下「研究施設等」と
　　いう。）の整備，研究開発に係る情報化の促進そ
　　の他の研究開発の推進のための環境の整備に関し，
　　政府が総合的かつ計画的に講ずべき施策
　三　その他科学技術の振興に関し必要な事項
3　政府は，科学技術基本計画を策定するに当たって
　は，あらかじめ，総合科学技術・イノベーション会
　議の議を経なければならない。
4　政府は，科学技術の進展の状況，政府が科学技術
　の振興に関して講じた施策の効果等を勘案して，適
　宜，科学技術基本計画に検討を加え，必要があると
　認めるときには，これを変更しなければならない。
　この場合においては，前項の規定を準用する。
5　政府は，第一項の規定により科学技術基本計画を
　策定し，又は前項の規定によりこれを変更したとき
　は，その要旨を公表しなければならない。

6　政府は，科学技術基本計画について，その実施に要する経費に関し必要な資金の確保を図るため，毎年度，国の財政の許す範囲内で，これを予算に計上する等その円滑な実施に必要な措置を講ずるよう努めなければならない。

第3章　研究開発の推進等

（多様な研究開発の均衡のとれた推進等）
第10条　国は，広範な分野における多様な研究開発の均衡のとれた推進に必要な施策を講ずるとともに，国として特に振興を図るべき重要な科学技術の分野に関する研究開発の一層の推進を図るため，その企画，実施等に必要な施策を講ずるものとする。

（研究者等の確保等）
第11条　国は，科学技術の進展等に対応した研究開発を推進するため，大学院における教育研究の充実その他の研究者等の確保，養成及び資質の向上に必要な施策を講ずるものとする。

2　国は，研究者等の職務がその重要性にふさわしい魅力あるものとなるよう，研究者等の適切な処遇の確保に必要な施策を講ずるものとする。

3　国は，研究開発に係る支援のための人材が研究開発の円滑な推進にとって不可欠であることにかんがみ，その確保，養成及び資質の向上並びにその適切な処遇の確保を図るため，前二項に規定する施策に準じて施策を講ずるものとする。

（研究施設等の整備等）
第12条　国は，科学技術の進展等に対応した研究開発を推進するため，研究開発機関（国の試験研究機関，大学等及び民間等における研究開発に係る機関をいう。以下同じ。）の研究施設等の整備に必要な施策を講ずるものとする。

2　国は，研究開発の効果的な推進を図るため，研究材料の円滑な供給等研究開発に係る支援機能の充実に必要な施策を講ずるものとする。

（研究開発に係る情報化の促進）
第13条　国は，研究開発の効率的な推進を図るため，科学技術に関する情報処理の高度化，科学技術に関するデータベースの充実，研究開発機関等の間の情報ネットワークの構築等研究開発に係る情報化の促進に必要な施策を講ずるものとする。

（研究開発に係る交流の促進）
第14条　国は，研究開発機関又は研究者等相互の間の交流により研究者等の多様な知識の融合等を図ることが新たな研究開発の進展をもたらす源泉となるものであり，また，その交流が研究開発の効率的な推進にとって不可欠なものであることにかんがみ，研究者等の交流，研究開発機関による共同研究開発，研究開発機関の研究施設等の共同利用等研究開発に係る交流の促進に必要な施策を講ずるものとする。

（研究開発に係る資金の効果的使用）
第15条　国は，研究開発の円滑な推進を図るため，研究開発の展開に応じて研究開発に係る資金を効果的に使用できるようにする等その活用に必要な施策を講ずるものとする。

（研究開発の成果の公開等）
第16条　国は，研究開発の成果の活用を図るため，研究開発の成果の公開，研究開発に関する情報の提供等その普及に必要な施策及びその適切な実用化の促進等に必要な施策を講ずるものとする。

（民間の努力の助長）
第17条　国は，我が国の科学技術活動において民間が果たす役割の重要性にかんがみ，民間の自主的な努力を助長することによりその研究開発を促進するよう，必要な施策を講ずるものとする。

第4章　国際的な交流等の推進

第18条　国は，国際的な科学技術活動を強力に展開することにより，我が国の国際社会における役割を積極的に果たすとともに，我が国における科学技術の一層の進展に資するため，研究者等の国際的交流，国際的な共同研究開発，科学技術に関する情報の国際的流通等科学技術に関する国際的な交流等の推進に必要な施策を講ずるものとする。

第5章　科学技術に関する学習の振興等

第19条　国は，青少年をはじめ広く国民があらゆる機会を通じて科学技術に対する理解と関心を深めることができるよう，学校教育及び社会教育における科学技術に関する学習の振興並びに科学技術に関する啓発及び知識の普及に必要な施策を講ずるものとする。

附則
この法律は，公布の日から施行する。
　　附則　（平成11年12月22日法律第160号）　抄
（施行期日）
第1条　この法律（第2条及び第3条を除く。）は，平成13年1月6日から施行する。
　　附則　（平成26年5月1日法律第31号）　抄
（施行期日）
第1条　この法律は，公布の日から起算して一月を超えない範囲内において政令で定める日から施行する。

資料5　図書の各部の名称　　　　　　　　　　　　　　　　（第12章関連）

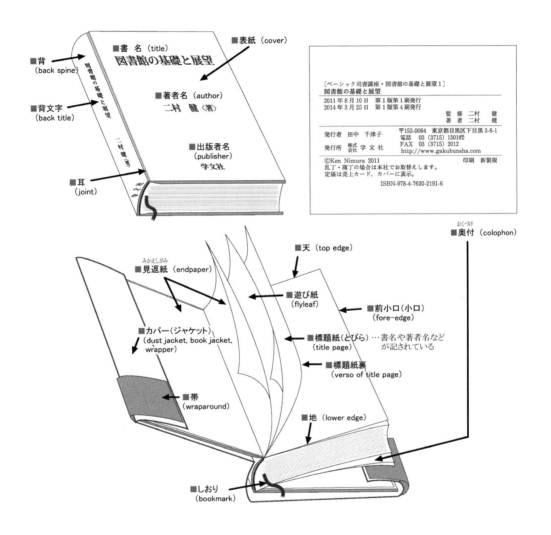

索　引

ALA　53
American Memory　28
AV 資料　22
BD　16,22,104
BDS　82,84
CD　16,26,104
CDP　53
CD-ROM　16,30,70,89,110,111
CD-ROM ブック　30
Chemical Abstracts　65,76
CiNii Articles　29,70,71,96
CSS　101
CTS　41
DAISY　24,110
DBMS　101
DBpedia　103
DTD　101
DTP ソフトウェア　41
DVD　16,22,26,104
DVD-ROM　110,111
eBook Library　92
EPUB3　27
Europeana　28
Faceboook　17
Google Scholar　70
HTML　27,95
IC メモリ　16
IC レコーダー　16
IC タグ　82,85
i モード　16
Internet Archive　29
IP アドレス認証　93,96
iPS 細胞　75
ISBN　19,78
ISSN　21
JAIRO　71
JDreamⅢ　29
Journal des Savants　20
JST　95
J-STAGE　95
JUSTICE　96
LeipzigerZeitung　19
MAGAZINEPLUS　70
MARCXML　102
NDC　61,63,69

NDL-OPAC　29
NetLibrary　92
OvidSP　29
PDF　27,88,95
PHS　16
ProQuest　29
RDB　100,101
SD カード　16
SSD　105
STM　54
TRC　42
Twitter　17
VHS 方式　15
WebAPI　102
Web アーカイビング　29
Web of Science Core Collection　96
Web2.0　87
Windows95　16
Wolters Kluwer　29
XML　27,101
XML Schema　101
XSL　101

┃あ┃

青空文庫　29
芥川龍之介賞　46
アドオンソフトウェア　29
アドラー，M.　7
アナログメディア　16
アパーチュアカード　22,23
有田川町立図書館　86
生きる力　9,10
イーストマン，G.　14,15
泉鏡花文学賞　47
委託販売制度　42
一次情報（一次資料）　18,28-30,54
一枚もの　21,61
インキュナブラ　18
インターネット元年　12
インパクトファクター　76
インフォメーションファイル　22
ウィキペディア　87,90,102,103
ウィークリー出版情報　59
受入　78
映像資料　22,33,111

エクサバイト　89
エジソン, T.A.　15
似非科学　75
江戸川乱歩賞　47
絵巻物　19
絵文字　12
エルゼビア　95
円筒式蓄音機　15
エントロピー　103
追い番号　20
横断検索　35
オープンアクセス　88
オープンソース　88
オープンフォーマット　88
オントロジー　103
音訳　24
音訳資料　23
オンラインデータベース（オンラインDB）　28-30

【か】
科学技術基本計画　73,75
科学技術基本法　73
科学コミュニケーション　74,75
科学に対するAEIOU　75
学際的領域　66
学習の段階　7,9
学術雑誌　20,21,54,65,73,76,95,96
学術論文　28,29,64,70,73,88,99
拡大図書　23
楽譜　24
掛け図　22,24
加除式資料　21
カセットテープ　22,23
価値論　50,52,108,109
学協会　20,70,95,96
合集　39,40
活字　14
活版印刷　14
カーノフスキー, L.　52
紙芝居　22,112
カメラレディ　41
カーリル　35
カレントアウェアネスサービス　65
カロタイプ　14
巻号　20
官公庁誌　20
監修者　40
巻子（巻子本）　13,19
簡牘　13
官報情報検索サービス　70

監訳者　40
機関リポジトリ　28,29,88,70,71
聞蔵Ⅱビジュアル　70
菊池寛賞　47
記号化行動　98,99
疑似科学　75
寄贈　58,60
寄託図書　60
基本図書　80
キャラバン隊　59
業界誌　20
行政支援　36
行政資料（地方行政資料）　12,18,32-34,110,111
共著　39,76
共同保存図書館・多摩（多摩デポ）　81
郷土資料　12
紀要　20,60,70,71
巨大科学　75
ギルガメッシュ叙事詩　13
記録資料　33
銀板写真　14
グーグルブック　54
楔形文字　13
グーテンベルク, J.　14,18,19
組版　41
クラウド　86,88
クラウドコンピューティング　86-88
クラウドサービス　87
クラウドソーシング　86,87
グラモフォン　15
クリッピング　18,20,22,33,34
訓詁学　66
継続資料　19,60
携帯電話　16
現物選書　59
コアジャーナル　76
高学歴レイマン　66
更新資料　19,21
校正　41
行動科学　66
国際標準逐次刊行物番号　21
国際標準図書番号　19
国土地理院　24
国文学研究資料館　28,70
国立公文書館　29,70
国立国会図書館サーチ　28,70,102
国立情報学研究所　29,70,71,96
小平市地域資料分類表　34,35
コダック　14
固定レイアウト　26

コデックス　18
『このミステリーがすごい！』大賞　47
『このライトノベルがすごい！』大賞　48
ゴーマン，M.　7
コメニウス，J.A.　14
古文書　23,24,34-37,60,111
これからの図書館の在り方検討協力者会議　12
これからの図書館像　32
これから出る本　59
コレクション　33,52,53,55,58,60-63,69,83
コンテンツプロバイダ（電子書籍）　30,92
コンパクトカセット　15
コンパクトディスク　16,22
コンピュータ組版　41

【さ】
再校　41
蔡侯紙　13
サイトライセンス　96
再販売価格維持制度　42
蔡倫　13
サーチエンジン　7,28,89,105
雑誌　20,21,33,39,46,54,62,69,70,74,76,95,110,111,113
雑誌記事索引　29
雑誌新聞総かたろぐ　20
サピエ　24
サマルカンド　13
さわる絵本　24
産業革命　72
三校　41
参考図書　18,51,61,80
三多摩地域資料研究所　34
シェルフファイル　21
自館装備　78,79
磁気テープ　6,15,16,26,86
ジー・サーチ　29
自然科学　66,72
視聴覚資料　14-16,22
執筆要領　40
シネマトグラフ　15
字母　14
市民協働　36,37
社会科学　66,70
社会教育活性化21世紀プラン　37
写真　22,34
社内誌・社内報　20
シャノン，C.E.　103
集合知　87,90,102-104
収集計画　58,63
収集方針　34,35,58,59,63

重版　42
ジュエット，C.C.　51
縮刷版　20
シュメール人　13
ジュルナール・デ・サヴァン　20
障がいをもつ人（障がい者）　23,111
小冊子　21,33,34
称徳天皇　13
情報社会　7
情報の性質　7
除架　53,79,80
初校　41
所在記号　62,83
書誌コントロール　33-35
書誌的来歴　20
書写資料　24
除籍　58,62,63,79-81,83,85
除籍基準　80,81
初版　43
シリーズもの　39,41,42,60,61,81
資料交換　58,60
神官文字　13
シンクタンク　29
神聖文字　13
新着図書コーナー　83
新聞　19,20,33,46,48,62,70,89,110,111,113
人文科学　66,70
スキャナ　23,37
涼宮ハルヒ　49
スタイルシート　101
スノー，C.P.　66
スーパーコンピュータ　75
スマートフォン　16,17,27,55
墨字　23
スライド　22,23,33
生活科学　72
生活支援　36
生業支援　36
静止画資料　22
精神の財　7
西洋雑誌　20
整理マニュアル　34
世界図絵　14
ゼタバイト　89
楔形文字　13
接着透明フィルム　79,82
絶版　43,60
セマンティックWeb　103
選書　45,52,53,59,79,83
選書会議　53,58-60

選書基準　58,59
選書ツアー　59
選書ツール　59
選択原理　52
選定図書総目録　59
全文検索　28
増刷　42
蔵書　35,37,50,53-55,58,60,61,63,69,80,88,107-109,111
蔵書管理　55
蔵書構成　51,54,55,58,80,109
蔵書構成政策（CDP）　53
蔵書構築　58
蔵書点検　84,85
蔵書評価　58,62,63
装丁　19,38,39,41,61
装備　78,79,81
遡及検索　64
速報性　21,28,95
ソーシャルネットワーキングシステム　17

｜た｜
大学図書館コンソーシアム（JUSTICE）　96
ダゲール，L.J.M.　14
ダゲレオタイプ　14
脱稿　40,42
谷崎潤一郎賞　46
タブレット　17,27,29,31,74,88
タブロイド判　19
タルボット，W.H.F.　14
短命資料　21
地域課題　32
地域資料　18,32-36,60,61,78,81,83,111
蓄音機　15
逐次刊行物　19,20,33,34
知行　6
知識の性質　7
知情意　6,98,99
地図　6,24,33,34,61,68,82
竹簡　13
著作権法　24,54,60
地理院地図　24
定期購読　60
提供会社（電子書籍）　30,31,92-94
ティクナー，G.　51
デカルト，R.　72
デジタル化　23,28,37,54,64
デジタルカメラ　16
デジタル情報資源　54,69
デジタル人文学　54
デジタルメディア　16

データ解析学　90
データ構造化　100
データベース　21,28,29,54,68,70,95,96,98,100,102,103,
　105
粘葉装　19
デモティック　13
天球儀　24
展示　54,81,83
電子科学　54
電子辞書　31
電子ジャーナル　17,21,28,29,54,64,70,73,92,95,96
電子ジャーナルアーカイブ　96
電子情報資源　54
電子書籍　17,27,30,31,55,64,74,88,92-96
電子書籍元年　93
電子書籍ストア　92
電子書籍リーダー　31
電子資料　18,23,26-28,30,33,110
点字資料　23,33
電子図書館　17,86,88
点字図書・録音図書全国総合目録　24
電子ペーパー　95
電子メディア　51,54,55
点訳　23
東京日日新聞　19
同時代検索　65
同人誌（同人雑誌）　20,46
トーキー　15
特集コーナー　84
読書世論調査　93
図書館業務システム　78,79,84,85,102
図書館サービス　23,32,35,36,58,65,88
図書館情報学　98-100
図書館情報資源　6,8,12,16,18,22,50,61,86,90,98-100
図書館情報資源選択方針　55
図書館資料　12,18,32,34,82
図書館知識学　100
図書館知識資源　100
図書館の設置及び運営上の望ましい基準　32
図書館法　9
図書館ポータル　69,70
図書館メディア　12
図書館流通センター（TRC）　42
図書原簿（図書台帳）　58,62,79
図書選択　50-55,59,107-110
図書選択理論　51,53-55,107,109
図書ラベル（背ラベル）　78,81,82
トーハン　45
トムソン・ロイター　96
取次会社　42,45,92

┃な┃

内容構成　55
内容知　9,10
直木三十五賞　46
ニエプス，J.N.　14
肉体の財　7
二校　41
二次情報（二次資料）　18,29,30
ニーズ　107,109,110
日外アソシエーツ　29,70
日経テレコン21　70
日本SF大賞　48
日本科学技術推進機構（JST）　95
日本新聞年鑑　20
日本点字図書館　24
2万5千分1地形図　24,70
入稿　41
ニュートン，I.　72
ニュースレター　20
ネットワーク情報資源　12,17,18,26,27,29,30
念校　41
粘土板　13,86
ノーデ，G.　51
ノベライズ　48
ノーベル文学賞　48
ノンリフロー型　26

┃は┃

灰色文献　32,33,65
配架　23,54,61,78-81,83,84
廃棄（コレクション形成上の）　22,58,62
ハイパーテキスト　8
ハイブリッドライブラリー　69
バーコード　84,85
バーコードラベル　78-81,82
梯子理論　51,52
バーチカルファイル　21
パッケージ型電子資料　26,28,30,31
発注スリップ　42,78
ハーティトラスト　54
バトラー，P.　52
パピルス　13,86
版次　43
版下　41-43
阪神淡路大震災　16
パンフレット　18,33,60
ヒエラティック　13
ヒエログリフ　13
光ディスク　16,86,104
非記録資料　33

非固定レイアウト　26
ビジョンホール　21
ビッグデータ　89,90,105
ビデオテープ　15,22
百万塔陀羅尼　13
表計算ソフトウェア　26
ファイル形式（ファイルフォーマット）　26,27,88,95
ファクトDB　29
ファーストオーサー　76
フィクション論争　52
フィルム　6,12,15,22,33,86
フォノグラフ　15
ブックスタンド　84
ブックディテクションシステム（BDS）　79
復刻版　43
不明資料　85
ブラッドフォードの法則　76
ブランケット判　19
フリーソフトウェア　88
ブルーレイディスク　16,22
文学賞　45
分散処理　88,105
分担保存　81
米国議会図書館　102
米国図書館協会（ALA）　53
ヘインズ，H.E.　52
別置　61
ペルガモン　13
ベルリナー，E.　15
編纂者　40
編者　39,113
編集担当者　40
編著者　39
方法知　9,10
法律判例文献情報　70
補修　58,81-83
ポスター　22,33,34
ボストン公共図書館　51
ボランティア　24, 37
本屋大賞　47

┃ま┃

マイクロ資料　22,23,33
マイクロフィッシュ　15,22,23
マイクロフィルム　15,20,22,23,111
マイクロリーダー　22
マークデータ　34,102
マルチメディア　16
マルチメディアブック　30
見えざる大学　76

三島由紀夫賞　47
見計らい　53,59
民衆文字　13
ムック　20
明六雑誌　20
メソポタミア　12,13
メタデータ　29
メディアミックス　48,49
メモリスティック　16
面出し展示　84
木簡　13

｜や｜
柳川春三　20
要求論　50,52,108,109
洋装本　18
羊皮紙　13
横浜毎日新聞　19
ヨミダス歴史館　70
ヨーロッパ近代科学　72
四十二行聖書　14

｜ら｜
落丁　41
ランガナータン，S.R.　58

乱丁　41
リサイクル図書　80
リソースシェアリング　63
リックライダー，J.C.R　8
リーフレット　21,33
リフロー型　26
リムーバブルメディア　30
リュミエール兄弟　15
リレーショナルデータベース（RDB）　100,101
ルーズリーフ資料　21
レコード　12,22,33
レファレンスDB　29
レファレンスサービス　10,107
レファレンス資料　30,78,81,82,94
レファレンスツール　68,69
レファレンスライブラリアン　10
録音資料　22,111
ロトカの法則　76
論文情報データベース　96

｜わ｜
ワインバーグ，A.　75
和紙　13
早稲田大学演劇博物館　28

＜監 修＞

二村　健　明星大学教育学部教授

＜編著者＞

藤田　岳久（ふじた・たけひさ）第 4, 6, 14, 15 章
第 2, 3 節 b,c
図書館情報大学大学院図書館情報学研究科（修士課程）修了。図書館情報大学図書館情報学部助手を経て，現在，共立女子大学文芸学部教授。
主な著書：『新訂情報検索演習』（東京書籍・共著，2004 年），『情報化社会の生涯学習』（学文社・共著，2005 年），『図書館情報技術論』（樹村房・共著，2014 年）ほか

＜著　者＞

二村　健（にむら・けん）第 1, 8 章第 1, 2 節，13, 15 章第 1, 3 節 a
明星大学教授

石川　賀一（いしかわ・しげかず）第 2 章
別府大学専任講師

山田　美幸（やまだ・みゆき）第 3 章
熊本学園大学講師

蛭田　廣一（ひるた・ひろかず）第 5 章
東京都小平市立図書館職員

木下　朋美（きのした・ともみ）第 7 章
大妻女子大学非常勤講師

松林　正己（まつばやし・まさき）第 8 章第 3 節
中部大学准教授

平井　歩実（ひらい・あゆみ）第 9 章
明星大学教授

山本　順一（やまもと・じゅんいち）第 10, 11 章
桃山学院大学教授

吉岡　一憲（よしおか・かずのり）第 12 章
東京都町田市立中央図書館司書

［ベーシック司書講座・図書館の基礎と展望 8］

図書館情報資源概論

2016 年 10 月 25 日　第 1 版第 1 刷発行

監　修　二村　　健
編著者　藤田　岳久

発行者　田中　千津子	〒153-0064　東京都目黒区下目黒 3-6-1	
	電話　03（3715）1501代	
発行所　株式会社　学 文 社	FAX　03（3715）2012	
	http://www.gakubunsha.com	

ⓒTakehisa Fujita 2016　　　　　　　　　　　印刷　新製版
乱丁・落丁の場合は本社でお取替えします。
定価は売上カード，カバーに表示。

ISBN-978-4-7620-2198-5